能源期货投资

从入门到精通

鳄鱼　编著

中国宇航出版社
·北京·

图书在版编目（CIP）数据

能源期货投资从入门到精通 / 鳄鱼编著. -- 北京 : 中国宇航出版社, 2022.7
ISBN 978-7-5159-2087-0

Ⅰ. ①能… Ⅱ. ①鳄… Ⅲ. ①能源－期货交易－基本知识 Ⅳ. ①F830.9

中国版本图书馆CIP数据核字(2022)第108110号

责任编辑　马　航　　　封面设计　宋　航

出版发行　中国宇航出版社
社　址　北京市阜成路 8 号　　邮　编　100830
（010）68768548
网　址　www.caphbook.com
经　销　新华书店
发行部　（010）68767386　　（010）68371900
（010）68767382　　（010）88100613（传真）
零售店　读者服务部
（010）68371105
承　印　三河市君旺印务有限公司
版　次　2022 年 7 月第 1 版　　2022 年 7 月第 1 次印刷
规　格　710 × 1000　　开　本　1/16
印　张　12.75　　字　数　182 千字
书　号　ISBN 978-7-5159-2087-0
定　价　39.00 元

掌握供需，把准能源期货价格波动的脉搏

（代序）

供给与需求，是影响商品价格的决定性因素。几乎所有其他外界因素的变化，最终都会落实到供给与需求的变化层面，促使商品价格发生变化。

在期货市场上，能源板块是一个相对特殊的板块。能源商品，先天具有一些其他商品所不具备的属性。

第一，能源板块是一个关系国家安全的战略性板块。原油更是重中之重，很多地缘政治冲突的背后都有原油的因素在里面。很多关系国计民生、国家安全的部门都需要足够的石油等能源产品作为支撑。与此同时，我国又是一个原油资源相对贫乏的国家，每年需要购入大量的原油，这更决定了原油在我国国民经济中的地位，使得我国对能源商品的供给安全看得极为重要。

第二，从供给角度来看，能源商品都属于化石资源，是不可再生资源。同时，这些能源产品的分布极不均衡，这就使得能源产品的供给与普通商品的供给完全不同。能源商品的供给很多时候都需要跨国贸易，需要特殊的运输线路或海运完成，这都为能源产品的供给增添了诸多变数。一些地缘政治冲突的出现，存在打乱能源产品运输和供给的可能，这可能引发能源商品价格的剧

烈波动。

第三，能源板块的下游或间接下游，关联着国民经济的方方面面，同时，能源板块还是化工板块的直接或间接上游。这也就意味着能源产品的需求实际上与国民经济的发展密不可分。国民经济向好时，能源板块的需求自然会随之水涨船高；反之，则可能会处于下行态势。

回顾期货市场中的历次大行情，其实无一不与基本的供给与需求面发生大的改变有关。也就是说，只有供给与需求面发生了根本性的变化，市场才会与之相应地发动一波大的行情。而在每波大的行情中，就是很多投资者实现“暴富”的最佳时间窗口。

本书对期货基本面的分析主要是从供给与需求入手的，力求通过对能源产品产业链的分析，帮助投资者了解影响商品供给与需求的因素。同时，再以供给与需求为中心，深入讲解影响价格走势的各种因素。当然，有些因素可能真的会对供给与需求产生一定的影响，有些因素可能更多地是停留在投资者的情绪方面。比如，某些临时性或突发性的事件，可能对供给与需求的影响只是瞬间的，根本不可能持续，但在期货价格的走势图上，也可能会产生一定的影响。不过，从长远来看，这种影响势必会被抵消，价格自然也会回归正常。

对于期货投资来说，大行情的产生需要根本性的供给与需求层面的改变，小行情则可能只需要影响供给与需求的个别因素出现。到底要捕捉大行情还是只做小波段，主要取决于投资者个人的投资计划与交易策略。

总之，能源期货各个品种基本面所涉及的内容实际上是多方面的，很难用一本书将其讲透。本书选取其中最具代表性的供需因素来解读，力求通过四位一体分析法，即“全产业链分析，供需分析，价格影响因素分析，交易要点分析”，来帮助投资者快速梳理能源期货的分析思路，做到快速入门。

目　录 CONTENTS

第二章　能源期货基本面分析方法

第三章　原油期货分析方法

第七章　焦炭期货基本分析策略

第八章 动力煤期货基本分析策略

第一章

能源期货基本面分析基础

能源期货，特别是原油期货，属于整个商品期货领域中最为核心的板块。原油，甚至有“大宗商品之母”之称。

第一节　能源期货的构成及核心领域

目前，国内期货市场交易的能源期货品种主要有六种，其中分别从属于两大类别，如图 1-1 所示。

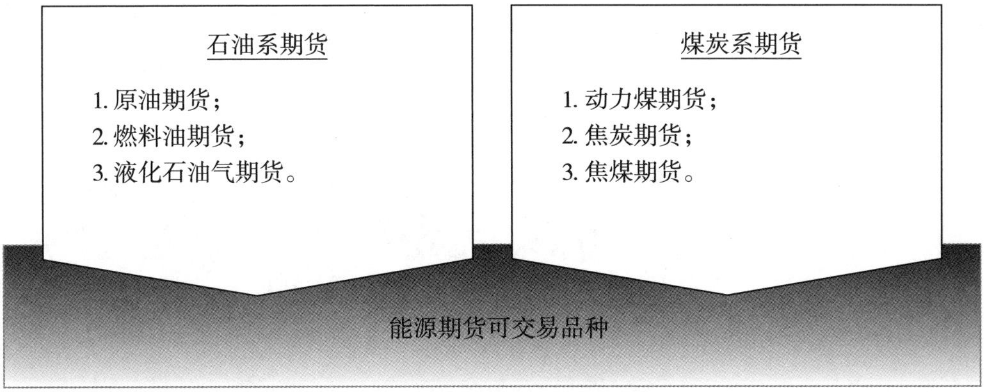

图 1-1　能源期货主要构成品种

一、石油系期货：原油、燃料油与液化石油气

原油、燃料油与液化石油气，从本质上来看都与石油有着直接关系。

1. 原油

原油，就是从地下或海底直接开采未经处理、分硫、提纯的石油。原油，也称“重油”，是不能直接使用的，但我们日常生活中使用的很多动力原料，如汽油、柴油等都是从原油中获取的。比如，我们日常生活中使用的大多数汽车以及各类车辆，都是以汽油或柴油为动力燃料的。若扩大至国防领域，各类新型武器、常规武器更是离不开从石油中提取出来的动力燃料。

同时，原油还是非常重要的化工原料，很多化工产品、染料、医药产品、农药和化肥等产品，都是通过石油化工获得的。

总之，现代化的工业、农业、国防都离不开石油。

2. 燃料油

燃料油，从字面上可以看出，这是一种可以燃烧或可助燃的原油类产品。燃料油，是在原油加工过程中，提取汽油、柴油、沥青等产品之后被分离出来的较重的剩余产物。从炼油工艺上来看，燃料油属于整个工艺环节中最后一种产品。按其应用领域可以大致分为以下几种，如图 1-2 所示。

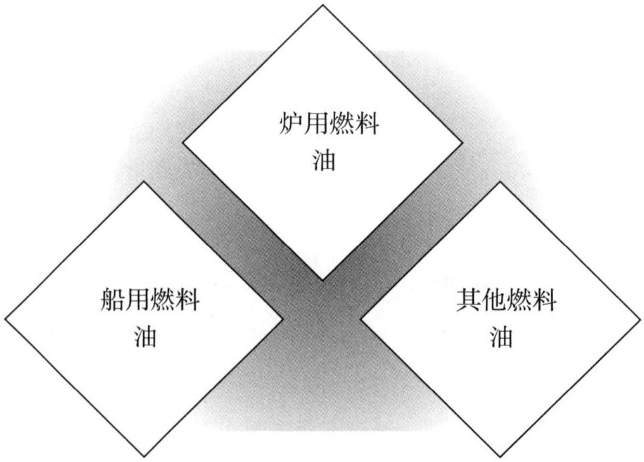

图 1-2　按用途划分的燃料油类别

3. 液化石油气

液化石油气与天然气、煤气同属于燃气这一分类。从热值来看，液化石油气的热值是最高的，因此常被用于燃料和化工等领域。民用燃料气是目前我国最大的液化石油气消费领域。

目前，全球的液化石油气来源主要分为油田伴生气、石油炼制气、非伴生性气田三类，如图 1–3 所示。

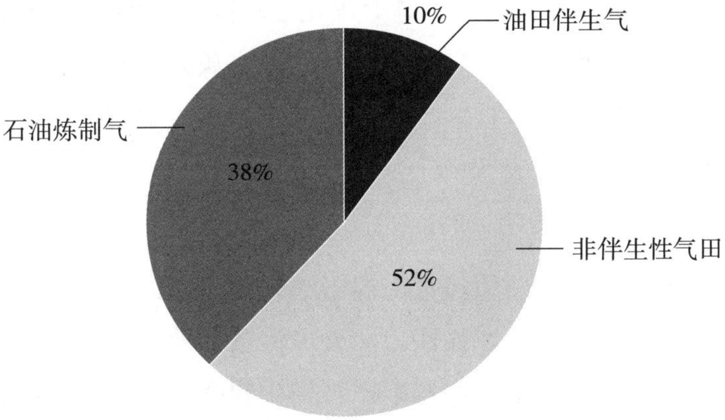

图 1–3　液化石油气的来源

二、煤炭系期货：焦煤、焦炭与动力煤

煤炭与石油同属于化石能源，而且是不可再生能源。目前，国内期货市场上可交易的煤炭系期货主要包括焦煤、焦炭与动力煤三种。三者之间的关系如图 1–4 所示。

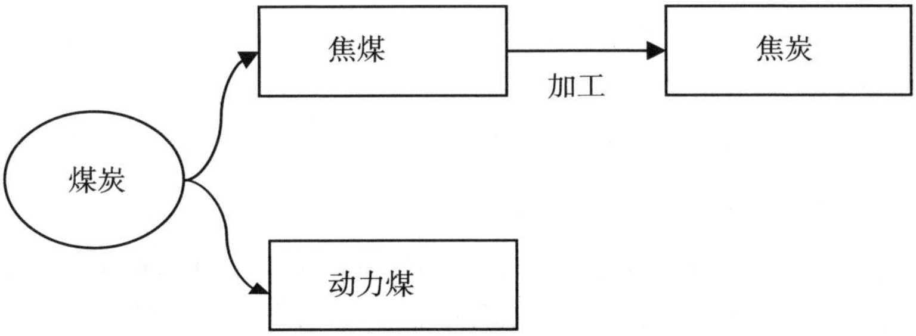

图 1–4　煤炭系期货品种之间的关系

从图 1–4 中可以清楚地看出焦煤、焦炭与动力煤之间的关系，焦煤最主要的作用就是用来炼焦炭的，而动力煤则与之关联不大。从三者所属的上市交易所也可以看出区别，焦煤和焦炭的上市交易所为大连商品交易所，而动力煤的上市交易所为郑州商品交易所。

1. 焦煤

焦煤，也称冶金煤，是中等及低挥发分中等粘结性及强粘结性的一种烟煤。在中国煤炭分类国家标准中，是对煤化度较高、结焦性好的烟煤的称谓，又称主焦煤。同时，焦煤也是焦炭生产中不可或缺的基础原料配煤，是炼焦和钢铁工业的重要上游原材料。焦煤联接着煤、焦、钢三个产业，在产业链条上具有重要地位。

2. 焦炭

焦炭是由炼焦煤在焦炉中经过高温干馏转化而来的。焦炭既可以作为还原剂、能源和供炭剂用于高炉炼铁、冲天炉铸造、铁合金冶炼和有色金属冶炼等工艺过程，也可以应用于电石生产、气化和合成化学等领域。目前，世界上绝大多数焦炭都被用于高炉炼铁，因此，焦炭又有钢铁工业“基本食粮”之称。

同时，炼焦过程中产生的经回收、净化后的焦炉煤气既是高热值的燃料，又是重要的有机合成工业原料。

3. 动力煤

动力煤并非特殊的煤炭品种，而是泛指用于动力原料的煤炭。相对于焦煤来说，动力煤的要求标准并不高。

动力煤主要包括褐煤、长焰煤、不粘结煤、贫煤、气煤和少量的无烟煤。从商品煤来说，主要包括洗混煤、洗中煤、粉煤、末煤等。

动力煤的主要应用领域包括以下几项，如图 1–5 所示。

从目前动力煤消耗量来看，发电用煤、一般锅炉用煤和生活用煤为最主要的用煤领域，实际使用动力煤总量的 80% 以上。

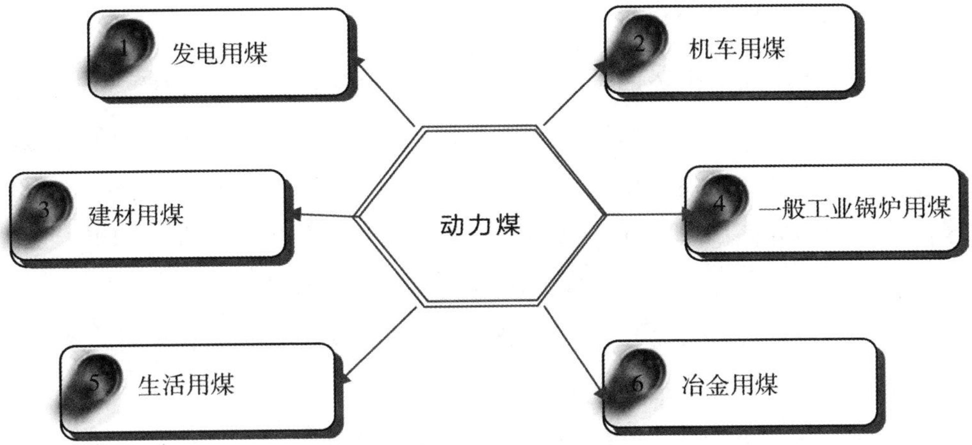

图 1-5　动力煤的应用领域

第二节　能源期货合约解读

从目前上市的能源期货品种来看，主要涵盖了石油和煤炭两大系列的六大主力品种（7 种期货合约）。这些上市的期货品种都属于市场上应用较多且非常重要的能源品种。当然，未来不排除还会有新的期货品种上市。目前，市场上可交易的能源期货合约包括如下几个，如图 1-6 所示。

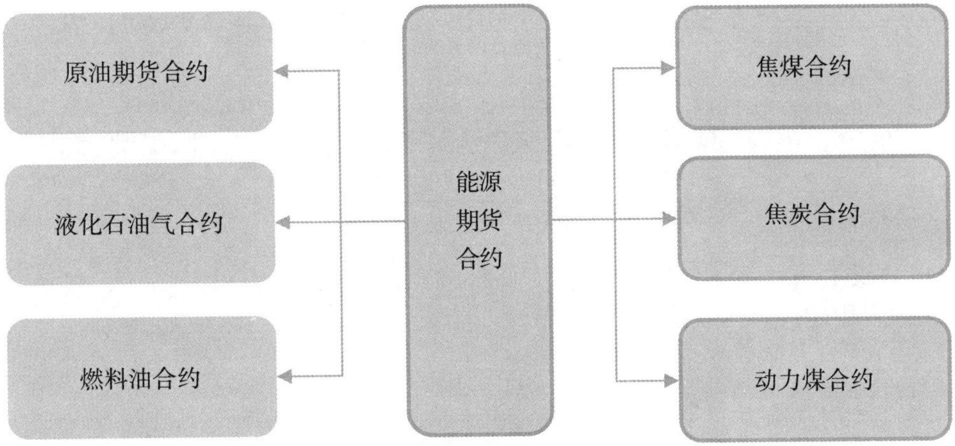

图 1-6　市场上的能源期货品种

一、原油期货合约

目前，国际原油市场供应的原油主要包括轻质低硫原油、中质含硫原油、重质原油、低硫原油、含硫原油和高硫原油等六个种类。这六类原油的区分方法主要包括两个类别，其一为比重，即重质、中质和轻质；其二为含硫量，即低硫、含硫和高硫等。比重越轻、含硫量越低，加工提炼费用越低，因而原油价格也就越高；反之，提炼费用高，原油价格相对较低。

目前，欧美原油期货市场交易的合约标的主要为轻质低硫原油，并且在国际原油市场上拥有绝对的定价权。

长期以来，尽管我国已经成为全球最大的原油进口国，但却一直没有原油的定价权和议价权。出于提升我国在国际原油市场话语权的考虑，在上海国际能源交易中心推出了原油期货。原油期货合约如图 1–7 所示。

交易品种	中质含硫原油
交易单位	1000 桶 / 手
报价单位	元（人民币）/ 桶（交易报价为不含税价格）
最小变动价位	0.1 元（人民币）/ 桶
涨跌停板幅度	不超过上一交易日结算价 ±4%
合约交割月份	最近 1 ～ 12 个月为连续月份以及随后八个季月
交易时间	上午 9:00—11:30，下午 1:30—3:00 以及上海国际能源交易中心规定的其他交易时间
最后交易日	交割月份前第一月的最后一个交易日；上海国际能源交易中心有权根据国家法定节假日调整 最后交易日
交割日期	最后交易日后连续五个交易日
交割品质	中质含硫原油，基准品质为 API（American Petroleum Institute, 美国石油学会）度 32.0，硫含量 1.5%，具体可交割油种及升贴水由上海国际 能源交易中心另行规定
交割地点	上海国际能源交易中心指定交割仓库
最低交易保证金	合约价值的 5%
交割方式	实物交割
交易代码	SC
上市机构	上海国际能源交易中心

图 1–7　原油期货合约

从图 1-7 中可以看出，我国原油期货合约的标的品种为中质含硫原油。之所以选择该种原油还有以下几个原因。

第一，与欧美主要原油期货市场的基准标的相区分，形成错位竞争关系。欧美原油期货市场以轻质低硫原油为基准价格合约，地位非常稳固。而中质含硫原油目前还没有建立基准价格体系，这正是国内原油期货市场的机会所在。

第二，国内进口的原油主要来自于中东，而中质含硫原油又是中东最主要的原油品种，利用国内期货市场形成该类原油的价格基准，最符合中国的经济利益。

二、燃料油期货合约

燃料油的品种和用途都非常多，按其成分可以划分为重质燃料油和轻质燃料油两类。燃料油最大的两个使用方向为船用和炉用。其中，船用燃料油的要求标准更高一些，因而，目前国内期货市场上市的两种燃料油合约标的都属于船用燃料油。包括上海期货交易所上市交易的燃料油合约和上海国际能源交易中心上市的低硫燃料油两种。

1. 燃料油合约

目前，上海期货交易所上市的燃料油合约为 RMG380 船用燃料油（R 代表残渣，M 代表船用）。该燃料油属于普通燃料油合约。其交割标的包括（Ⅰ级燃料油和Ⅱ级燃料油，但由于两者之间没有升贴水，所以实际交割的燃料油均为Ⅰ级燃料油）合约如图 1-8 所示。

2. 低硫燃料油合约

目前，船舶航行在排放控制区以外区域时，使用的燃油基本为重质燃料油。不过，国际海事组织海上环境保护委员会第 70 届会议决定，自 2020 年 1 月 1 日起，在全球范围内实施船用燃油硫含量质量百分比不超过 0.50% 的规定。这意味着低硫燃料油将逐步取代普通船用高硫燃料油，并逐步成为市场主流燃料油。

交易品种	燃料油
交易单位	10 吨 / 手
报价单位	元（人民币）/ 吨（交易报价为不含税价格）
最小变动价位	1 元 / 吨
涨跌停板幅度	上一交易日结算价 ±5%
合约月份	1 ～ 12 月
交易时间	上午 9:00—11:30，下午 1:30—3:00 和交易所规定的其他交易时间
最后交易日	合约月份前一月份的最后一个交易日；交易所可以根据国家法定节假日调整最后交易日
交割日期	最后交易日后连续三个工作日
交割品级	RMG 380 船用燃料油（硫含量为 I 级、II 级）或者质量优于该标准的船用燃料油
交割地点	交易所指定交割地点
最低交易保证金	合约价值的 8%
交割方式	实物交割
交割单位	10 吨
交易代码	FU
上市交易所	上海期货交易所
上市日期	2018 年 7 月 16 日

图 1-8　上海期货交易所燃料油合约

我国作为燃料油消费大国，又是低硫燃料油最大生产国，因此，上市低硫燃料油合约就是一个较佳的选择。毕竟通过上市低硫燃料油期货不仅可以保护低硫燃料油的定价权，还可以帮助企业对冲风险和套期保值。

2020 年 6 月 22 日，低硫燃料油合约正式挂牌交易，其合约如图 1-9 所示。

三、液化石油气期货合约

液化石油气（liquefied petroleum gas，简称 LPG）期货，于 2020 年 3 月 30 日在大连商品交易所上市交易。由于民用燃料气为液化石油气最大的消费领域，因而液化石油气期货合约的交割标的直接定位为民用燃料气。当然，其他质量等级的液化石油气也可以通过一定的贴水进入交割体系。

交易品种	低硫燃料油
交易单位	10 吨 / 手
报价单位	元（人民币）/ 吨（交易报价为不含税价格）
最小变动价位	1 元（人民币）/ 吨
涨跌停板幅度	不超过上一交易日结算价 ±5%
合约交割月份	1 月、2 月、3 月、4 月、5 月、6 月、7 月、8 月、9 月、10 月、11 月、12 月
交易时间	上午 9:00—11:30，下午 1:30—3:00 以及上海国际能源交易中心规定的其他交易时间
最后交易日	交割月份前第一月的最后一个交易日（遇国家法定节假日、休息日顺延；上海国际能源交易中心可以根据国家法定节假日、休息日调整最后交易日）
交割日期	最后交易日后连续五个交易日
交割品质	低硫船用燃料油
交割地点	上海国际能源交易中心指定交割仓库
最低交易保证金	合约价值的 8%
交割方式	实物交割
交易代码	LU
上市机构	上海国际能源交易中心

图 1-9 上海国际能源交易中心低硫燃料油合约

液化石油气的期货合约如图 1-10 所示。

石油液化气的交割地设在了广东，交割区域分布在华南、华东和华北，是大连商品交易所首个全厂库交割品种。

四、焦煤期货合约

前面曾经介绍过，焦煤属于钢铁、焦炭产业链的上游，也是一种重要的战略性能源。尽管我国已经是炼焦煤最大的进口国和消费国，但焦煤的定价权却一直被几个外国公司掌控。建立焦煤期货市场后，我国将有自己的定价中心，能够减轻国际煤价波动带来的影响，有助于增强我国作为焦煤进口大国在国际焦煤市场的话语权。同时，也能够帮助焦煤产业链内的企业对冲焦

交易品种	液化石油气
交易单位	20 吨 / 手
报价单位	元（人民币）/ 吨
最小变动价位	1 元 / 吨
涨跌停板幅度	上一交易日结算价的 4%
合约月份	1、2、3、4、5、6、7、8、9、10、11、12 月
交易时间	每周一至周五上午 9:00—11:30，下午 13:30—15:00，以及交易所规定的其他时间（本品种已开展夜盘交易，夜盘交易时间为 21:00—23:00）
最后交易日	合约月份倒数第 4 个交易日
最后交割日	最后交易日后第 3 个交易日
交割等级	大连商品交易所液化石油气交割质量标准（F/DCE PG001-2020）
交割地点	大连商品交易所液化石油气指定交割仓库
最低交易保证金	合约价值的 5%
交割方式	实物交割
交易代码	PG
上市交易所	大连商品交易所

图 1-10　液化石油气期货合约

煤价格波动带来的影响，实现套期保值。

焦煤期货合约如图 1-11 所示。

在焦煤期货合约的交割方面，以仓库交割为主、厂库为辅的模式。而仓库则选择了京唐港、天津港、日照港、连云港和青岛港，这便于从国外进口焦煤的交割。厂库则选择了大型焦煤企业的自有洗煤厂（山西），不过，相比港口仓库有一定的贴水。

交易品种	焦煤（适用于焦煤 JM2304 之前合约）
交易单位	60 吨 / 手
报价单位	元（人民币）/ 吨
最小变动价位	0.5 元 / 吨
涨跌停板幅度	上一交易日结算价的 4%
合约月份	1，2，3，4，5，6，7，8，9，10，11，12 月
交易时间	每周一至周五上午 9:00—11:30, 下午 13:30—15:00，以及交易所公布的其他时间（本品种已开展夜盘交易，夜盘交易时间为 21:00—23:00）
最后交易日	合约月份第 10 个交易日
最后交割日	最后交易日后第 3 个交易日
交割等级	大连商品交易所焦煤交割质量标准（F/DCE JM001-2018）
交割地点	大连商品交易所焦煤指定交割仓库
最低交易保证金	合约价值的 5%
交割方式	实物交割
交易代码	JM
上市交易所	大连商品交易所
上市日期	2013 年 3 月 22 日

图 1-11　焦煤期货合约

五、焦炭期货合约

焦炭是高炉炼铁不可或缺的重要必备原料之一，在现代工业体系中占据了非常重要的地位。长期以来，焦化企业受制于上游煤炭行业及下游钢铁行业的强势地位，缺乏原料采购和产品销售的议价能力，市场风险难以转移，企业生存压力很大。焦炭合约的交割标的选择的也是冶金焦炭。推出焦炭期货合约后，有利于整个产业链企业保持稳定经营。焦炭期货合约如图 1-12 所示。

交易品种	冶金焦炭（自 J2201 合约起施行）
交易单位	100 吨 / 手
报价单位	元（人民币）/ 吨
最小变动价位	0.5 元 / 吨
涨跌停板幅度	上一交易日结算价的 4%
合约月份	1，2，3，4，5，6，7，8，9，10，11，12 月
交易时间	每周一至周五上午 9:00—11:30, 下午 13:30—15:00，以及交易所规定的其他时间（本品种已开展夜盘交易，夜盘交易时间为 21:00—3:00）
最后交易日	合约月份第 10 个交易日
最后交割日	最后交易日后第 3 个交易日
交割等级	大连商品交易所焦炭交割质量标准（F/DCE J001-2021）
交割地点	大连商品交易所焦炭指定交割仓库
最低交易保证金	合约价值的 5%
交割方式	实物交割
交易代码	J
上市交易所	大连商品交易所
上市日期	2011 年 4 月 15 日

图 1-12　焦炭期货合约

在交割地点设计方面，焦炭期货的交割地点与焦煤比较类似，采用的也是“仓库 + 厂库”的模式。仓库也是以日照港、天津港、连云港为主，而厂库则以河北、山东、山西等地的大型焦化企业的焦化厂作为交割仓库。

六、动力煤期货合约

动力煤和焦煤虽然同属于煤炭，但两者差距甚大。动力煤主要提供热能，下游产业为电力、水泥、钢铁、化工等四大产业，而焦煤的下游主要为焦化行业。相对而言，动力煤的需求和供给都要更大一些。

动力煤的交易价值主要以热值范围为基准进行区别。从 4200 千卡 / 千克到 5800 千卡 / 千克（1 卡 =4.18 焦尔）可以划分为四个区间。目前，动力煤现货流通规模最大的是 500 千卡 / 千克的动力煤。

其合约如图 1–13 所示。

交易品种	动力煤
交易单位	100 吨 / 手
报价单位	元（人民币）/ 吨
最小变动价位	0.2 元 / 吨
每日价格波动限制	上一交易日结算价 ±4% 及《郑州商品交易所期货交易风险控制管理办法》相关规定
最低交易保证金	合约价值的 5%
合约交割月份	1～12 月
交易时间	每周一至周五（北京时间 法定节假日除外） 上午 9：00—11：30，下午 1：30—3：00 及交易所规定的其他交易时间
最后交易日	合约交割月份的第 5 个交易日
最后交割日	车（船）板交割：合约交割月份的最后 1 个日历日 仓单交割：合约交割月份的第 8 个交易日
交割品级	见《郑州商品交易所期货交割细则》
交割地点	交易所指定交割地点
交割方式	实物交割
交易代码	ZC
上市交易所	郑州商品交易所
上市日期	2013 年 9 月 26 日
附加信息	交割品级自动力煤期货 2212 合约开始施 行，基准交割品：收到基低位发热量为 5 500 千卡 / 千克，干燥基全硫≤ 0.8%，30% ≤干燥无灰基挥发分≤ 42%，干燥基灰分≤ 30%，全水≤ 25% 的动力煤。替代品及升贴水：收到基低位发热量≥ 4300 千卡 / 千克，干燥基全硫≤ 1.5%，30% ≤干燥无灰基挥发分≤ 42%，干燥基灰分≤ 30% 的动力煤。

图 1–13　动力煤期货合约

动力煤的交割基准地以港口为主，包括北方的秦皇岛、曹妃甸、京唐港、天津港、黄骅港等 5 个港口为主，南方的广州港、防城港、可门港等 3 个港口为辅。

第三节　正确认识能源期货

能源期货特别是原油期货，是整个期货领域的重中之重。原油，更是被称为商品之母，很多能源化工期货都与原油有着千丝万缕的联系。从这点上来看，建立期货市场后，肯定不能没有原油期货，也不能没有能源期货。正确认识能源期货的三个层次，如图 1–14 所示。

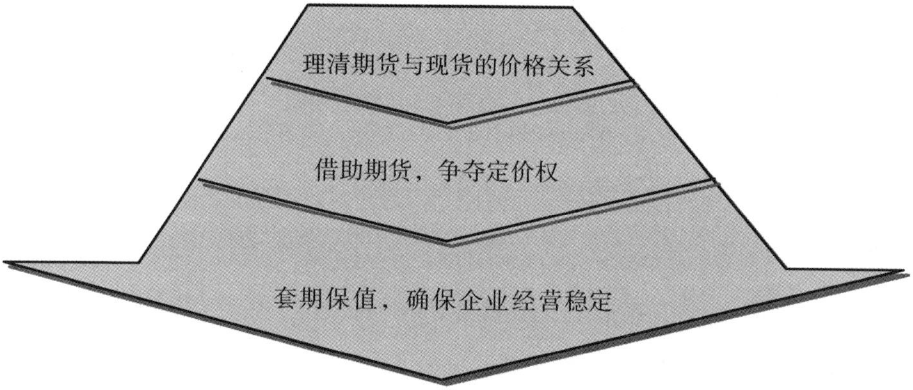

图 1–14　认识能源期货的三个层次

一、理清现货与期货的价格关系

现货与期货之间存在这样两种价格关系。如图 1–15 所示。

1. 现货价格是期货价格的基础

现货价格是期货价格的基础，这是期货交易最核心的内容。无论期货价格如何波动，最终都会以现货价格作为基准，毕竟期货合约都有固定的交割期限，而期货交割必然会回归至现货的基准。

从这点上来看，期货是不可能脱离现货独立存在的。而现货价格的波动，在很大程度上源于供给端与需求端的变化。

能源期货与其他商品期货还有一个很大的不同。毕竟能源商品，特别是

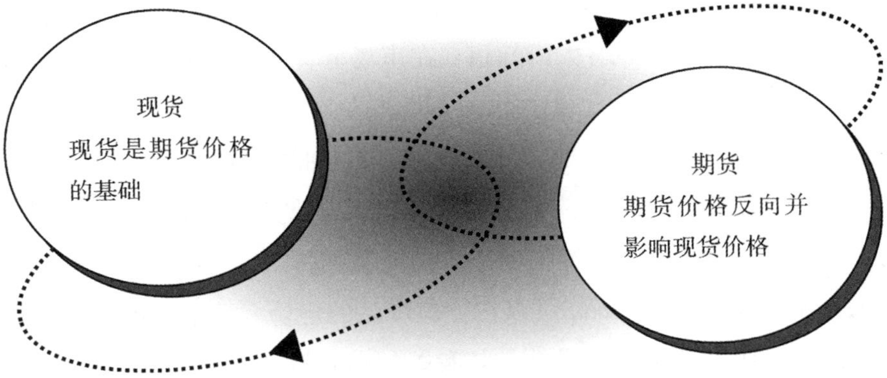

图 1–15　现货与期货的价格关系

石油，不仅仅是一种商品，还是一种战略性资源，这就使得能源期货与其他期货产品相比，更多了一层国家战略性的考量。由于我国本身石油等能源并不丰富，每年都需要进口大量的能源产品，这不仅仅是为了满足国内经济发展的需求，更是国家战略性储备的需要。这就使得能源产品的价格波动除了考虑基本的供给、需求外，还要考虑国家安全、能源战略等因素。

2. 期货价格对现货价格产生影响

期货具有现货所不具备的价格发现功能。期货市场的参与方涵盖了整个产业链的上游、中游与下游各相关利益体。这些利益体在交易期货合约时，更多地是着眼于未来的供给与需求的变化，这就使得期货的价格要比现货价格更具前瞻性。也正因如此，石油现货的交易价格在很大程度上就是以期货合约价格为基准的。

同时，由于期货合约都是远期的，也就是说，期货价格在一定程度上可以影响现货的远期交易价格。而现货的上游与下游参与者还可以根据期货价格的波动，调整远期的生产与经营活动。

二、借助期货争取现货定价权

最近一些年来，我国经济出现了持续、快速的发展势头，我国对能源类产品的需求也越来越多。在很多能源产品领域，我国都是国际市场上最大的进口国。不过，与最大买方地位不匹配的是，在这些能源市场上，我国并没有获得足够的价格话语权。大家知道，在市场上，如果不是特别稀缺的商品，那么，买方的话语权都是比较大的，毕竟买方是付款方，是客户。但是，在很多能源产品领域，事实并非如此。比如，石油的定价权就一直掌握在西方国家手中，这就使得我国在能源交易过程中，常常成为利益受损方。也正因如此，我国才在最近几年陆续推出了各类能源期货产品。

通过推出能源期货产品，可以在能源产品的定价方面掌握更多的话语权。特别是一些能源期货合约的设计，与我国的实际情况更吻合。同时，又与国际主流期货合约存在一定的差异，这在一定程度上可以相对容易掌控商品定价权，原油期货的设计便是如此。

三、套期保值确保企业经营稳定

从某种意义上来说，期货就是为了套期保值而产生的。在期货产生之前，现货市场总是会存在这样的情况：某一生产型企业需要某种大量的原材料，而这种原材料的价格总是处于波动之中，企业又不可能总是囤积大量的原材料。原材料的价格波动对企业的生产经营活动就会造成巨大的影响，一旦原材料价格大幅上涨，企业就会损失很多利润，甚至出现亏损。于是，具有套期保值功能的期货产品就诞生了。

能源期货更是如此。目前，国民经济的诸多行业都与原油、煤炭等能源有关。原油与煤炭是国民经济中很多行业的上游，如石油、化工、电力、基建、钢铁、运输等。

可以这样说，能源产品价格的波动，实质上会对国民经济中诸多产业链参与企业产生直接的影响。能源期货的推出，则有利于这些企业锁定成本，稳定经营活动。

第二章

能源期货基本面分析方法

对能源期货基本面的分析，既要重视宏观大环境的变动，又要考虑供给与需求方面具体的改善。能源期货基本面分析如图 2-1 所示。

宏观分析

经济周期变化；
货币政策变动因素；
地缘政治因素。

供给与需求分析

供给与需求的基本关系；
产业链与供需分析；
影响供给的其他因素；
影响需求的其他因素；
关注超预期的供给与需求。

供需基本面分析

供需平衡；
库存调节；
利润驱动。

图 2-1　能源期货基本面分析维度

第一节　能源期货宏观分析

宏观因素是影响一个国家甚至全球经济形势的因素。这些因素对大宗商品，特别是能源产品的价格变动具有重要的影响。

一、经济周期变化

世界经济并不总是处于景气或不景气周期，而是处于一种动态循环之中。即当经济出现一段时间的上升后，各方面对经济增长的预期就会升温，从而推动各方面积极投资，这样就就会造成经济过热；其后，必然是经济开始降温，逐渐走向衰退；当经济衰退一段时间后，又会重新开启上升态势。

通常情况下，可以将宏观经济形势大致划分成这样几个阶段，如图 2-2 所示。

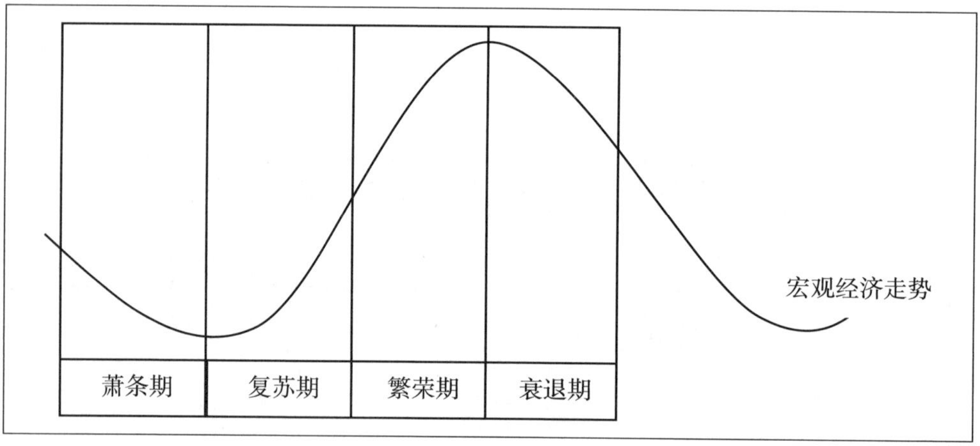

图 2-2　宏观经济走势的四个典型阶段

第一阶段：萧条期

国民经济连续衰退，已经使很多投资者丧失了对经济的信心。国民经济各个方面都十分萧条，失业率激增。此时，对各类原料的需求都会减弱，对能源产品的需求更少，能源产品的价格会在低位徘徊。当然，由于能源产品的特殊性，国家也可能会在此阶段进行必要的能源产品国家储备，如国家战略储备石油等。

在衰退期的末期，政府为了提振经济，可能会发布一些有关基础设施建设的规划，毕竟这些大工程与国民经济的各个行业都有关联。这些规划和计划，在一定程度上能够对经济起到刺激作用，从而推动能源产品期货价格开始企稳。

第二阶段：复苏期

随着大基建、大工程项目的启动，国民经济将会走出低谷，投资者的信心也会随之恢复。一些工业、建材、金融、金属、能源、机械等行业的发展，会大大强化对能源产品的需求，从而推动能源产品价格逐渐走高，这也是能源期货产品大趋势展开的阶段。

第三阶段：繁荣期

随着国民经济趋于稳定和繁荣，越来越多的投资者进入市场，同时也带来了更多的资金。在一派祥和之中，很多人对未来的经济状况趋于乐观，更加积极地进行投资建设，大宗商品的价格会逐渐到达顶峰。

与此同时，由于大宗能源商品的产业链相对较长，一些上游产业在需求的带动下，会更加积极地开工建设，这样就为未来的供给过剩埋下了隐患。

第四阶段：衰退期

在经济繁荣的背后，往往酝酿着新的隐患。特别是一些当时刺激经济的政策引发的副作用，可能会在这个时段爆发出来。由于持续的供给大于需求，商品价格开始走低。先前盲目扩张的企业开始倒闭，工人失业率上升，更加减弱了市场需求，这就促使大宗商品以及能源商品价格开始大幅回落。

二、货币政策变动因素

从某种意义上来说，货币政策也是反映经济周期变化的一个指标。货币政策最直接的调控工具就是货币供给量。货币供给量增加，很多资金流入商品现货或期货市场，就会推动期货价格上行；反之，当货币供给量减少时，市场资金短缺，通货紧缩开始显现，市场上所有的商品价格都会出现下跌，期货价格自然走低。

事实上，货币政策的调整往往又会与经济环境相配合。当经济出现衰退或过热时，国家的货币政策势必会进行相应的调整，以利于经济长远的发展。与股市不同，期货市场对货币政策的反应会慢一些，但从长远来看，还是不可避免地会受其影响。

2020 年上半年，为了挽救被疫情重创的美国经济，美联储推出了无限量化宽松货币政策。此后，一些主要西方国家也先后出台了大量的货币宽松政策。这就使得投放到市场的货币量大大增加，直接促成了 2020 年下半年大宗商品期货价格的上扬行情。其中，原油期货就是典型的代表，如图 2-3 所示。

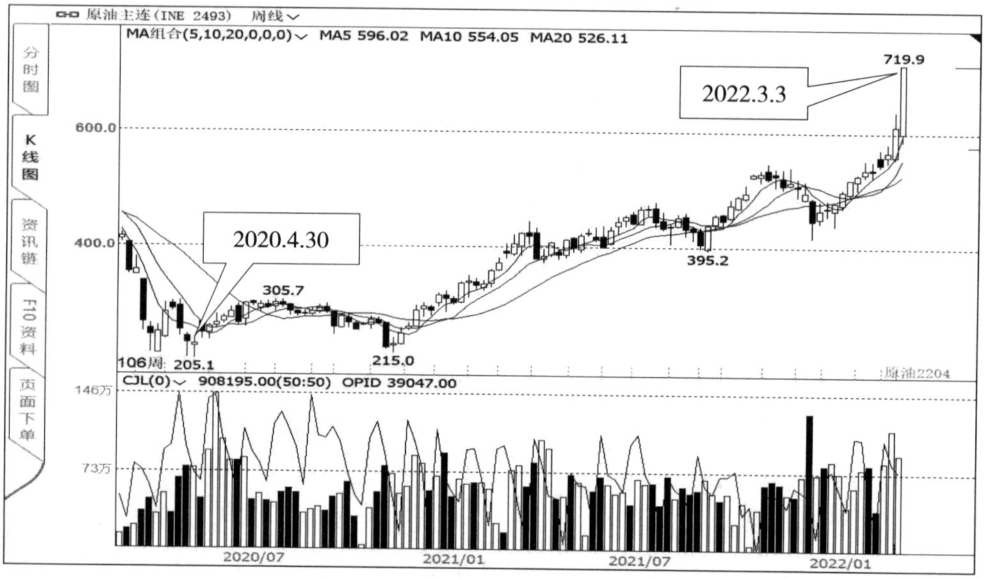

图 2-3　原油主连周 K 线走势图

从图 2-3 中可以看出，原油期货价格在 2020 年 4 月底触底后出现了振荡上扬走势。其实，这与美联储以及其他西方国家推出大量货币宽松政策密切相关。随着货币投放量的增加，大宗商品价格出现大幅上升走势，原油期货的价格更是翻了两番以上。

三、地缘政治因素分析

大宗商品，特别是能源商品，对一个国家的重要性不言而喻。而地缘政治冲突势必会破坏能源产品的供给与需求链条，从而引发这些商品价格大幅上扬。

地缘政治因素对大宗能源产品的影响包括但不限于以下三方面，如图 2-4 所示。

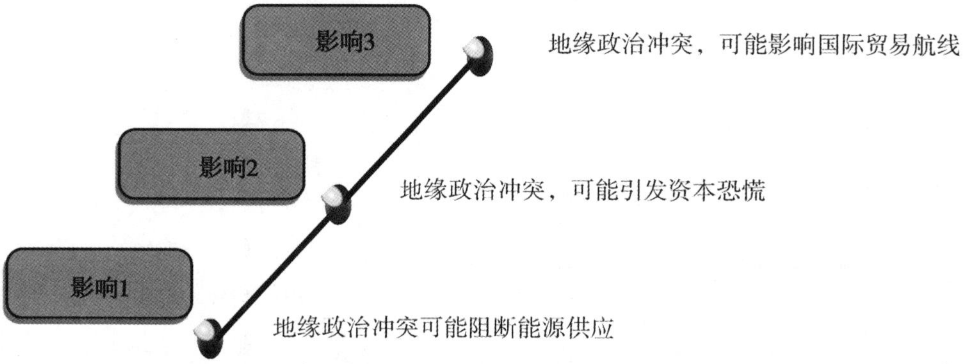

图 2-4 影响能源价格的地缘政治因素

第一，地缘政治冲突可能会直接阻断原油以及大宗商品的供应，进而引发相关商品价格大幅跳涨。比如，2022 年年初俄乌爆发冲突，直接导致了原油、天然气供应受阻，天然气和原油价格大幅上扬。另外， 在中东地区发生的一些地缘政治冲突，也可能会引发国际原油市场对原油供应的担忧，进而造成原油价格上扬。

第二，地缘政治冲突，特别是大国之间的冲突，更可能引发全球资本市场的恐慌，避险情绪就会升温。一些明显具有保值功能的期货品种，如黄金期货的价格就会出现上扬态势。

第三，地缘政治冲突可能会对全球贸易航线产生直接影响。特别是一些海运线路受阻，会对进出口贸易产生直接的影响，引发相应商品的价格波动。

地缘政治冲突对能源期货影响最为直接的一个案例，就是 2022 年 2 月 24 日爆发的俄乌冲突。尽管在直接冲突爆发前，市场已经有所感知，原油价格也出现了一定程度的上扬，但当冲突真的爆发后，原油价格还是出现了一波狂飙突进的上涨，如图 2-5 所示。

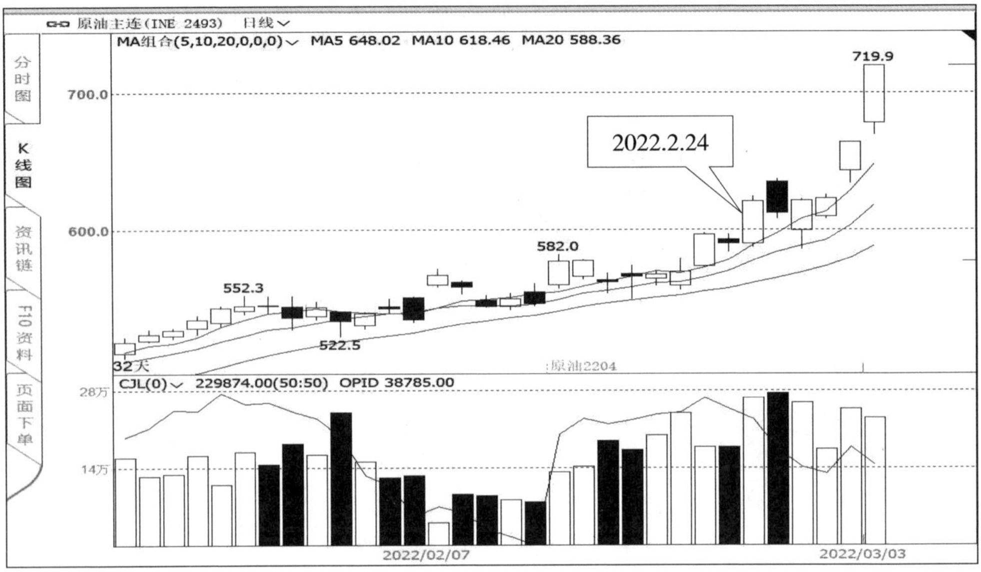

图 2-5　原油主连合约日 K 线走势图

如图 2-5 所示，在 2022 年 2 月 24 日之前，市场已经感到了俄乌之间的紧张氛围，原油期货的价格出现了一波持续的振荡上升走势。

2 月 24 日，当俄乌冲突真正爆发后，原油期货价格直接大幅走高。冲突爆发后，由于市场时不时地会对和谈有所憧憬，这也可能导致原油期货价格短暂回落。但总体上来看，只要冲突没有结束，原油价格就可能会持续运行于高位，毕竟俄罗斯在世界原油市场占据较大的比重，而欧洲又非常依赖俄罗斯的天然气等产品。

第二节　供给与需求分析

在期货基本面分析领域，供给与需求分析是最核心的内容。很多影响价格波动的因素，最终也可以归结到供给与需求变化的层面。

在供给与需求分析中，需要特别关注以下五个维度的内容，如图 2–6 所示。

图 2–6　供给与需求分析的五个层面

一、供给与需求的基本关系

供给与需求之间的关系，是所有商品以及商品期货价格波动的内在动力。通常来说，供给大于需求，价格就会处于下行通道；供给小于需求，价格就会处于上行通道。

1. 供给与价格的关系

一般来说，商品价格越高，市场上的生产者越有动力加大供给力度，同时更加愿意将其库存水平降低；反之，当商品价格走低时，生产者就会有意识地减少供给量，并增加库存量。其基本关系如图 2–7 所示。

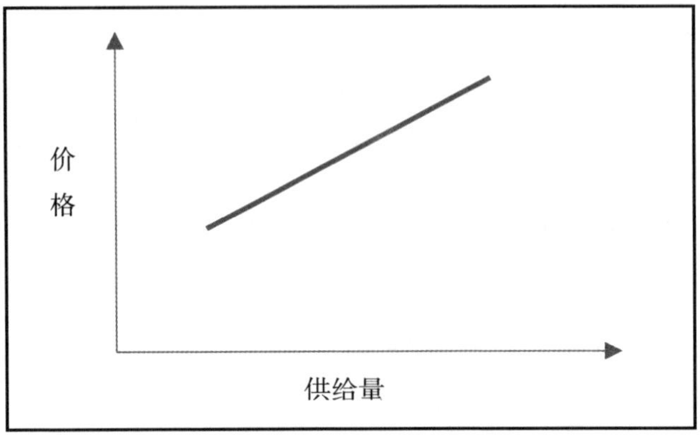

图 2-7 供给与价格之间的关系

通常来看，随着价格的攀升，市场上的生产者提供的供给肯定会越来越多，这也是由于所有的市场参与者逐利的本性所决定的。不过，能源商品与其他产品还有一定的不同，毕竟这类商品属于不可再生资源，总的储量是一定的，供给量也不可能无限增加。也就是说，当供给量达到一定程度时，即使价格再上升，也很难提升供给量。

2. 需求与价格的关系

和供给与价格之间的关系相似，需求越少，价格越低。当市场上对某一商品的需求逐渐走低时，其价格水平势必也会随之下行。其基本关系如图 2-8 所示。

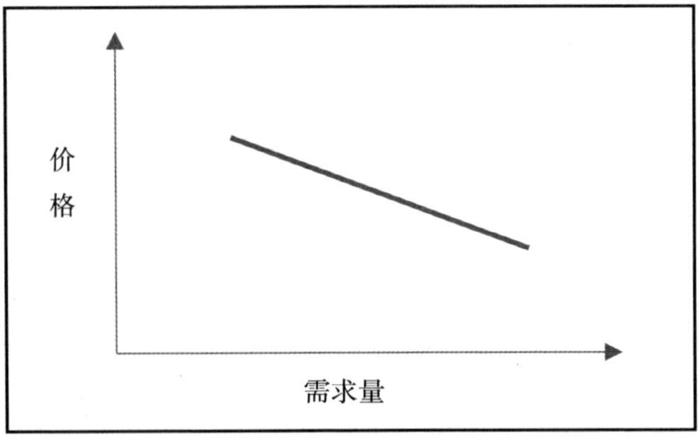

图 2-8 需求与价格之间的关系

理论上来说，需求量走低，肯定会让价格同步下行。在能源类商品中，这一定律也是存在的。能源产品的需求量逐渐走低，势必会促使价格下行。比如，在2020年年初出现的疫情，在某种程度上对经济活动造成了很多干扰，并让全球对能源商品的需求减弱，这在一定程度上推动了原油价格的下行。如图2-9所示。

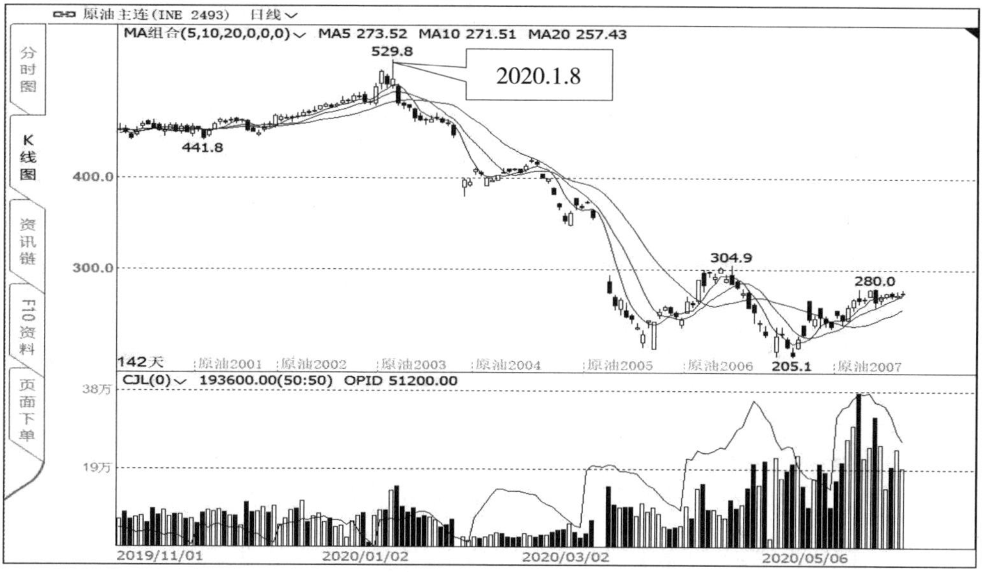

图2-9　原油主连合约日K线走势图

如图2-9所示，2020年年初，随着全球疫情的持续爆发，很多国家的经济陷入了停顿状态，对原油等能源商品的需求开始减弱，原油期货价格也同步自2020年1月初开始大幅跳水。

3. 供给与需求的交互关系

按照经典的经济学原理，价格最终肯定是由供给与需求共同决定的（即供给曲线与需求曲线的交点），如图2-10所示。

也就是说，在某一价格水平线位置，供给量与需求量达到了平衡。通常来说，市场对某种商品的需求量预测相对困难，而供给量的预测要简单一些，毕竟产能与库存相对比较透明。

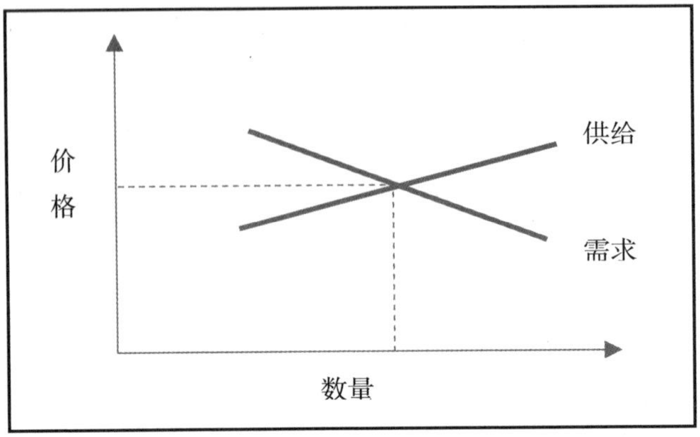

图 2-10　供给、需求与价格之间的关系

事实上，当一种商品价格因需求上升而推动价格上升后，生产商必然会从追逐利益角度提升产能，从而使供给与需求相平衡。

二、产业链基本构成分析

一般产业的产业链中涵盖了生产商、仓储与物流企业、贸易商以及消费方等。当然，在产业链中所处的位置（上游还是下游），其实都是相对的，在这一产业链中可能属于下游，在另一产业链中又可能属于上游了。一般来说，每个产业链大致都包括三个核心环节，如图 2-11 所示。

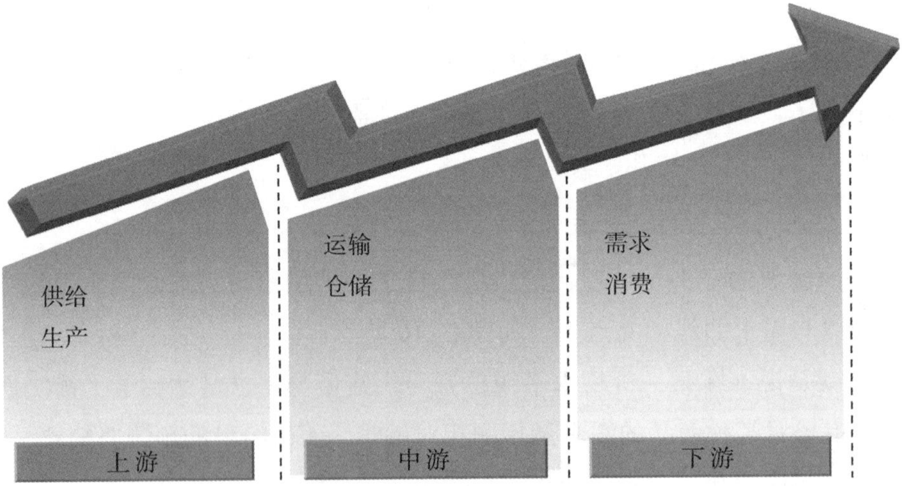

图 2-11　产业链的基本构成

上游：供给

产业链上游所关联的每个产业的供给，是每个产业链的开始端。包括重要资源和原材料的采掘、供应以及零部件制造和生产的行业，这一行业决定着其他行业的发展速度。在能源领域，产业链上游大多关联能源的开采与冶炼等环节。如原油的开采、煤炭的开采等。

中游：运输与仓储

中游环节会因行业或产业的不同而有所不同。在能源类产业中，中游一般为运输、仓储、贸易与物流等环节，可能还会涉及进出口贸易企业等。当然，一些其他商品的产业中游还会涵盖核心产品的生产或制造。比如，焦炭产业中，焦化企业用上游的焦煤炼焦就属于产业链的中游，而原油或动力煤产业的中游则为运输与仓储等企业。

下游：需求与消费

产业链的下游则为需求方和消费方。这里的消费方只是该产业链中的消费方或需求方，可能还不是最终的消费方。比如，石油炼化企业，在原油产业链中属于典型的下游企业，但其肯定不是最终的消费方，其炼化完成后的各类商品油，还要进入消费环节并销售给最终的消费方。

三、影响供给变动的其他因素

由于能源商品多属于不可再生资源，因而影响其供给的变动因素与其他商品存在明显的不同。具体说来，影响供给变动的因素除了之前介绍的几种外，还包括以下几方面。如图 2–12 所示。

1. 储量

能源期货主要分为两大系列，其一为石油系期货；其二为煤炭系期货。也就是说，两者的供给量归根结底还是要看地下有多少储量。储量，是一个不可变的因素，除非经过勘探发现了新的资源，否则，石油和煤炭都是用一点儿少一点儿，这也是各国大力发展新能源的原因之一。也就是说，这些能源的储量就是未来总的供给量的天花板，无论如何是不能突破的。

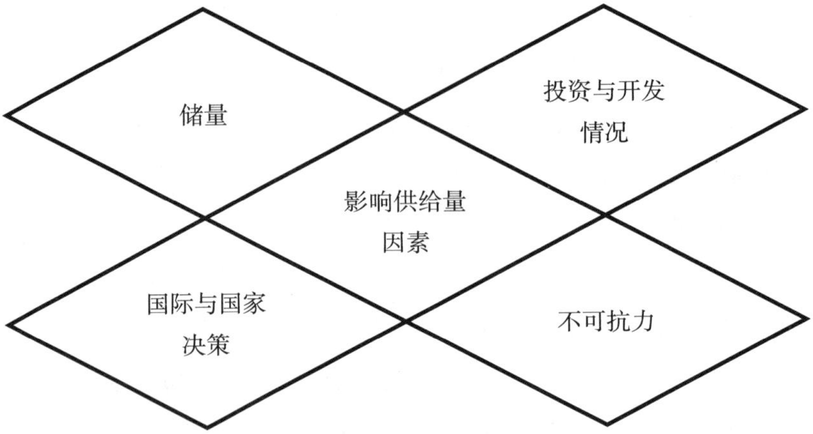

图 2-12　影响供给变动的因素

2. 投资与开发情况

能源的供给，不仅仅是有储量就够了。要想将储量转化为供应量，还需要投入相应的资本，购置相应的设备等。对于一些发展中国家或者欠发达国家来说，这也是很大一部分投入，这也是目前世界上很多拥有较多资源储量的国家，并没有成为资源出口大国的原因。未来，随着能源投资与开发力度的增加，很可能会有更多的储量转化为供给量。

3. 国际与国家方面的决策

国际与国家方面的决策也是影响能源商品供给的一个重要因素。一直以来，影响供给量的决策因素包括这样两类。

其一，外部政策因素。一些国家或国际组织对某一重要能源供应国进行制裁，并限制其能源出口，国际市场上就会失去相当大的一部分供给量。比如，原本作为原油储量和产量大国的委内瑞拉，最近一些年因受到制裁而无法将大部分原油出口到其他国家。这一方面影响了国际原油的供给；另一方面，也给委内瑞拉国内经济和民众生活带来较大的影响。

其二，内部政策因素。一些国家或国家组织出于保护资源或获取更多经济利益的角度考虑，适时地采取原油或煤炭的限产或增产措施，也会造成国际能源市场供给量的波动。比如，美国原本出于保护本国原油资源的考虑，对外出口的原油并不多，但后来由于页岩油革命的展开，为了追求更多的经济利益，美国已经成为国际原油市场主要的供应力量。另外，石油输出国组织（Organization of Petroleum Exporting Countries，简称 OPEC）也会对组织内部成员国的原油产量进行配额调控，防止过渡供给造成油价下跌，以保护组织成员的经济利益。

4. 不可抗力因素

由于原油与煤炭都属于深埋于地下的资源，其开采都有一定的难度。而一些不可抗力因素，如地震、飓风等，都可能为这些能源的开采制造障碍，进而影响其全球供给。

四、影响需求变动的其他因素

原油与煤炭在国民经济的诸多方面都有应用，因此影响需求的因素也是多方面的。一般来说，除了之前介绍的几类外，大致包括这样几方面。如图 2-13 所示。

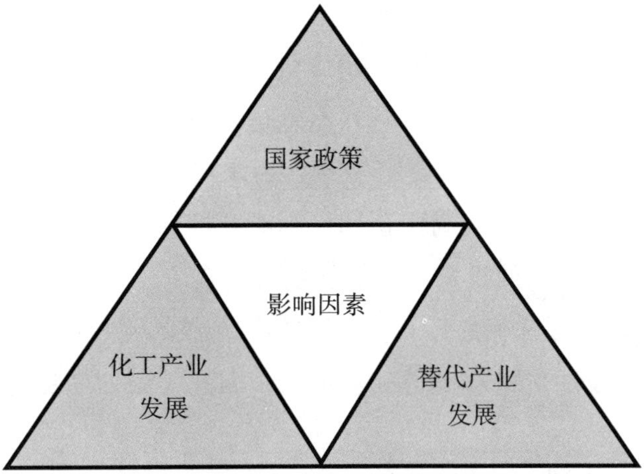

图 2-13　影响需求变动的其他因素

1. 国家的环保与能源政策

随着全球变暖趋势的加强，越来越多的国家加大环保监管的力度。因此，一些以煤炭、原油为原料的行业，都可能受到严格的管控。比如钢铁、火电、常规燃油汽车等行业，未来都很难出现较大的发展，这在一定程度上就会抑制对原油、煤炭等能源的需求。

2. 化工产业的发展与进步

随着化工行业的发展，原油、煤炭作为化工原料的使用范围越来越广泛，这在一定程度上能够拉升对原油、煤炭等能源商品的需求。

3. 替代产业的发展

替代产业的发展也是影响原油、煤炭等能源商品需求的重要因素。随着新能源技术的发展，太阳能、风能发电逐渐普及，势必减弱全球对火力发电的需求；新能源汽车的普及，则降低了交通运输行业对原油的需求等。

五、关注超预期的供给与需求

市场可以包容一切的信息，而期货本身又具有独特的价格发现功能，这就使得期货的价格走势总是领先于现货市场。同时，又能够包容现货市场未来的供给与需求变化。

比如，当市场原油供给紧张时，市场可能就会先一步预判 OPEC 可能会调高原油的日产量。因此，在原油期货交易过程中，势必会将这种预期考虑进去。不过，预期与实际情况有时并不总是一致的，当实际情况与预期不一致时，原油期货的价格势必会进行一系列的修正。

第一，若实际上调幅度高于预期，则对原油期货的价格肯定具有抑制作用，很多做空原油期货的投资者可能会趁机开仓。

第二，若实际上调幅度低于预期，市场必然会认为上调的幅度仍然难以满足市场需求，原油价格有望进一步走高，因此，原油期货价格会出现上扬态势。

当然，这种修正幅度一般比较有限，而且还要综合考虑其他渠道的信息，毕竟市场价格是一系列信息综合变化的结果。

第三节 基本面分析思路

能源期货基本分析思路，需要从供需平衡、库存及利润等几个角度来综合考量。

一、供需平衡是市场调节的必然

价格波动的内在原因多是由供给与需求不平衡造成的。当供给大于需求时，价格就会承压；反之，当供给小于需求时，价格就会上行。因此，分析期货的基本面，首先需要了解整个产业链的供给与需求情况。

1. 供给

影响商品供给量的因素包括以下几个方面。

（1）产能。

产能，是整个市场供给量的天花板。由于目前商品市场是全球一体化的，因而在分析产能时，还要考虑全国产能和全球产能两个方面。由于能源产品的特殊性，其产能除了与开采设备安装有关，还与总体储量有直接的关系。

（2）开工率。

事实上，几乎没有哪个行业的产能能够达到满负荷和 100% 的利用。在实际生产过程中，基于各种原因，产能的利用率有高有低。有的行业可能达到 90% 以上，有的行业可能不足 50%。

影响开工率的因素包括以下几个方面。

第一，行业利润率。这是决定开工率的主观因素。若行业利润高企，产业链内的企业就会积极开工，提升设备利用率，开工率自然较高；反之，则较低。

第二，设备检修计划。很多行业内的设备都会有各自的检修与保养计划。在此期间，生产设备就会处于停工状态。当然，一般来说，企业从自身利益出发，会优先选择生产淡季进行设备检修。

第三，其他因素。其他影响开工率的因素包括政府政策、下游需求、库存高企等。

（3）产量。

产量，是能够提供给产业链的产品总量。在分析某一产品产量时，要充分考虑全球产量和国内产量的情况。特别是能源产品，全球贸易非常活跃，而我国又是典型的缺油国，每年都需要从国外进口大量的原油。因此，全球产量同样也会成为国内供给端重要的考虑对象。

2. 需求

相对供给来说，需求数量的统计与计算更为复杂。特别是很多行业的消费量还具有一定的弹性，这都为统计行业的需求量提高了难度。正因如此，在统计需求时，常常用表观消费量来体现需求情况。

所谓的表观消费量，是指当年产量加上净进口量（当年进口量减出口量）。这样，表观消费量数据的获得就会相对比较容易。

3. 进口量

进口量，是对国内供给量的一个补充。由于我国消费市场庞大，且需求多样，因而很多能源产品都维持了较大的进口量，如原油、液化石油气等。

4. 出口量

出口量，本身也是产品需求端的一部分。在很多细分领域中，出口量也是维持整个产业链供需平衡的关键环节。若出口量出现异动，也可能对整个产业链的供需产生较大的影响。

一般来说，投资者可以通过下面的供需平衡表来逐年、逐季度分析供给与需求数据。表 2–1 所示为年度供需平衡表示例。

表 2–1　供需平衡表

年度	产能	产能增速	开工率	产量	进口量	出口量	表观消费量	表观消费量增速
2017								
2018								

（续表）

年度	产能	产能增速	开工率	产量	进口量	出口量	表现消费量	表现消费量增速
2019								
2020								
2021								
2022								

二、库存是供需平衡的调节器

库存量，像是调节供给与需求的“水库”。短期内，若产量小于需求量，库存就会降低，以满足市场的需求；反之，若产量大于需求量，库存量也会上升。同理，通过库存量的变化，也可以感知市场价格的运行趋势。通常来说，当库存量持续下降时，则意味着市场需求强劲，价格存在走高的动力；反之，若库存量持续上升，意味着市场需求不足，短期内价格必然承压。

整个市场的库存包括以下几个方面，如图 2–14 所示。

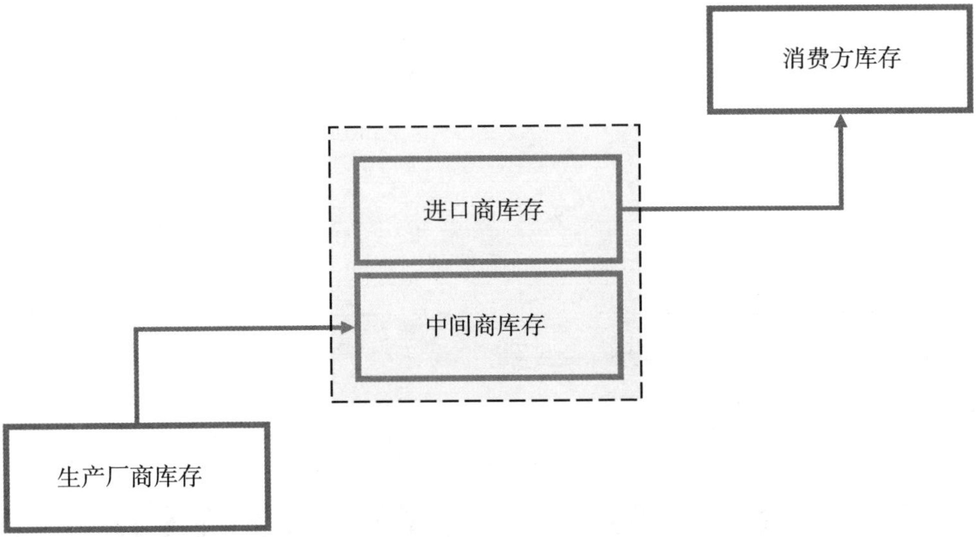

图 2–14　整个市场的库存构成

第一，生产厂商的库存。通常情况下，生产厂商为了满足市场的需求，会尽可能地提供部分富裕的产量，以应对市场需求临时性的变化，这就需要生产厂商拥有部分库存。当然，这部分产能也会根据下游需求情况进行调节。

第二，中间商、贸易商的库存。这是保证供给与需求稳定的中坚力量。由于中间商、贸易商的逐利本性，其库存水平更能反映市场供需状况。一般来说，当产品价格走高时，中间商、贸易商就会倾向于降低库存量；反之，当价格走低时，可能会适当地补充库存。

第三，下游消费方的库存。对于下游消费方，特别是生产企业，特别需要建立相应规模的库存，以保证生产的稳定。若消费方库存不足，则说明整个产业链供应趋于紧张，价格存在上行的基础；反之，则价格承压。

第四，进口商或港口库存。很多能源产品每年都有较高的进口量。这些进口商或港口库存也是投资者观察整个产业链供需平衡的一个风向标。

2021 年下半年，受煤炭需求增长以及煤炭进出口政策的影响，港口以及电厂动力煤库存持续走低，从而推动动力煤价格出现了一波大幅上升走势。如图 2-15 所示。

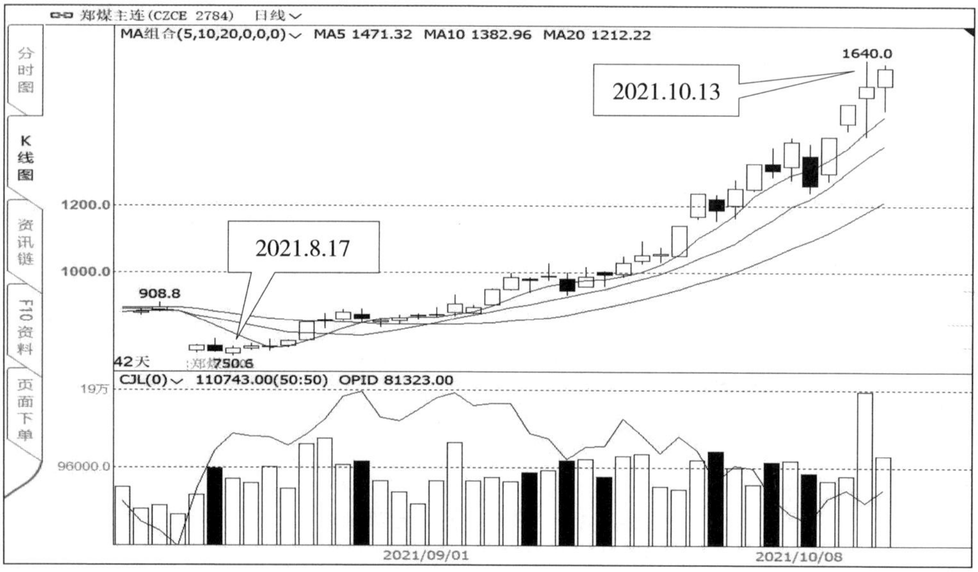

图 2-15　郑煤主连合约日 K 线走势图

如图 2–15 所示，郑煤主连合约的价格自 2021 年 8 月 17 日触底后启动了一波大幅上攻走势。在不到三个月的时间力，动力煤合约价格翻了一倍以上。

当然，2021 年下半年的煤炭价格上升，库存量下行仅仅是一个缩影，还有很多其他方面的因素共同促成了煤炭价格大幅上升。

三、利润驱动供给与需求转化

产业链各个环节内的参与方，都以追逐利润为中心。若产业链各个环节的利润水平较高，那么各参与方势必会加速提升产能，以实现利润最大化。反之，若产业链内利润水平较低，甚至个别环节出现全部亏损的情况，那么必然会打击企业生产积极性，产业链内参与方的开工率就会下降，产能利用率走低。

当然，利润水平的高低，其实也是整个产业链供需关系的一种反映。通常来看，当产业链内供给紧张时，利润水平就会走高；反之，当供给过剩时，利润水平必然下降，直至出现亏损。从这点上来看，整个市场其实也是一个自发调节的循环。如图 2–16 所示。

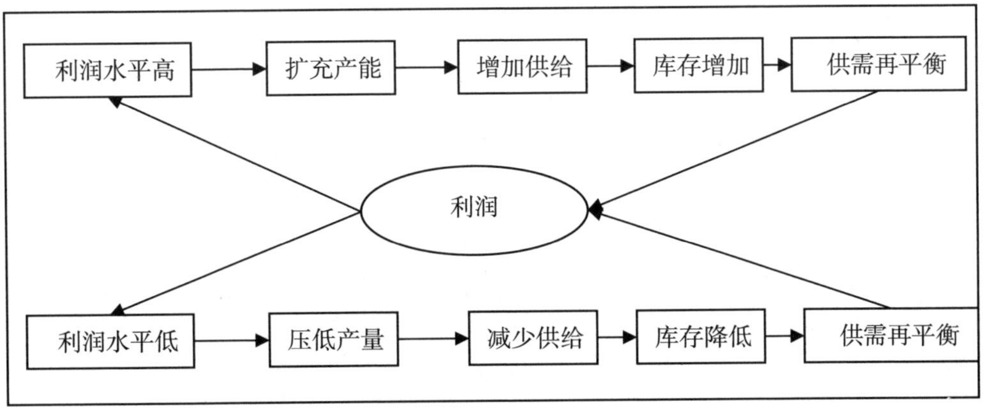

图 2–16　以利润为中心的供需决策系统

从图 2–16 中可以看出，所谓产业链内的厂商，其做出供给增加与减少的决策更多地还是以利润为中心的。只要有利可图，就会有厂商愿意增加产能，供应更多的产品，直至供给大于需求，利润水平降低。反之，当利润水平走低，甚至亏损时厂商生产意愿下降，市场供给不足，价格就具备了提升的基础。

第三章

原油期货分析方法

原油，本质上属于商品期货的一种，而且是一种全球性的商品，但其重要性又要远远超过一般的商品期货。若是一般性的商品期货，其价格走势归根结底都是由供给与需求决定的，而原油则不然，其价格走势的背后，更是多了一层大国博弈的色彩。

第一节　原油及原油期货

理解了原油以及原油市场，你就能理解世界今天的样子。

一、原油及原油的战略价值

石油，被称为“工业的血液”。石油及石油产品不仅是民生必需品，更是现代化工业、农业、国防的重要生产物资。自 1972 年以来，沙特与美国签署协议，确保石油用美元结算后，石油与美元就紧密地结合在一起，共同构成了美国霸权的基础。美国可以通过超发货币来转嫁危机，而别的国家就做不到。究其原因，其他国家超发货币被收割的都是本国人的血汗钱，而美国则不同。由于美元属于世界货币，美国通过超发货币可以割世界人民的“羊毛”。当然，大家并不都是心甘情愿的，但没有办法，谁让美元是世界货币呢。

1944 年 7 月，主要西方资本主义国家代表在联合国国际货币金融会议上确立了美元与黄金挂钩的国际货币体系，被称为布林顿森林货币体系，美元霸权正式确立。1971 年，随着美元危机和美国经济危机的爆发，美国停止了美元兑换黄金的义务，至此，布林顿森林体系名存实亡。随后，主要西欧国家放弃与美元的固定汇率，开始执行浮动汇率。至此，布林顿森林体系正式瓦解。

随着布林顿森林体系的瓦解，美元霸权摇摇欲坠。而 1972 年，美国与沙特签订石油美元协议，美元霸权起死回生。特别是随着世界经济的发展，各国工业都出现较快的发展，对石油的需求量也逐渐增加，这就使得美元霸权逐渐稳固。

1. 原油的地缘分布

作为一种不可再生的化石能源，原油的战略价值极高。原油储量情况，决定了未来世界的地缘政治格局。

下面先来看一下世界原油储量分布情况，如图 3-1 所示。

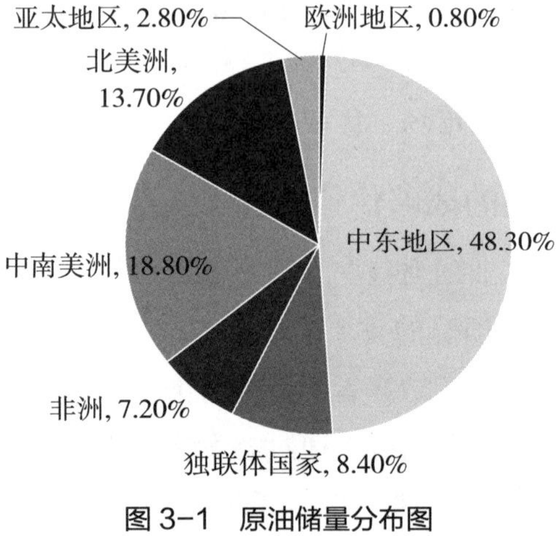

图 3-1 原油储量分布图

从图 3-1 中可以看出，中东地区为全球原油储量最大的地区，其次为中南美洲和北美洲。这三大产油区在很大程度上都属于美国的势力影响范围之内。

2. 原油储量国家排名

目前，全球原油储量较为丰富的国家，包括以下几个，如图 3–2 所示。

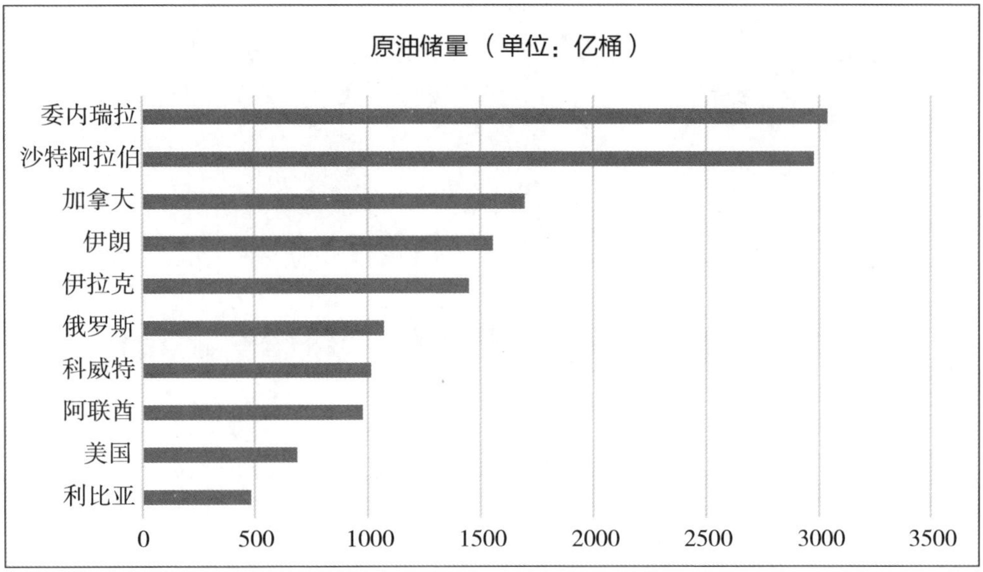

图 3–2　世界各国原油储量数据

从图 3–2 中可以看出，世界前几大产油国中，除了美国的盟友，就是和美国针锋相对的几个国家。这也可以看出，地缘政治交量的背后，还有对原油资源争夺的考量。

二、原油产业链

原油从勘探、开采、运输到炼化要经历诸多环节，其整个产业链如图 3–3 所示。

从图 3–3 中可以看出，原油产业链与其他商品的产业链存在明显的差异。由于原油的分布极不均衡，而全球各大经济体对原油都有较大的需求，这就使得原油的运输和存储成为一个非常重要的环节。

1. 上游产业

油气的勘探、开发和生产，是一个专业化程度较高的板块，历来都是资金密集和技术密集的领域。石油公司通过向投行融资，购买相关设备，勘探、

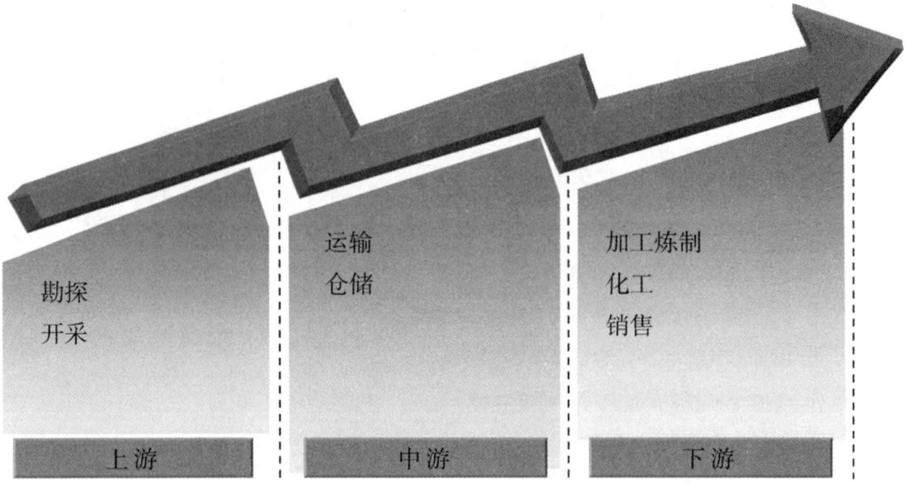

图 3-3 原油产业链

开采石油。一般来说，开采石油过程中，有时也会连带开采天然气。

2. 中游产业

中游产业，主要是连接油气生产、加工、分配、销售诸环节的纽带，主要包括油气采集、长距离输送管道、远洋航运、储存与装卸及城市输配系统等。最典型的石油运输方式包括管道运输和远洋轮船运输等。

3. 下游产业

下游产业包括石油的加工和销售，具体包括炼油、化工、销售三个环节。原油运输到目的地后，会被相应的石化企业进行炼化，最终形成各类生产生活所需的汽油、柴油、沥青以及其他化工原料产品等。

从整个原油产业链中可以看出以下几点。

第一，整个原油产业链的上游，集中于几大主要产油区和产油国。中东地区是产油国聚集地区，我国的原油进口主要来自于中东地区。同时，中东地区又是世界上最不稳定的地区，战乱较多，这都为国际原油供应增添了很多的变数。美国在中东地区维持了很大的军事力量，本质上也是在保护本国的石油利益。

同时，中东地区一旦出现动乱，势必会造成原油减产，这也将会扰动国际的原油价格。

第二，原油的下游产业一般集中于石油主要消费国。我国就是主要的原油消费国之一。中国石油、中国石化等企业，就是将从国外进口来的原油进行炼化，然后再销售的。

第三，由于原油产业链的上游与下游之间存在着较大的空间上的距离，因而原油的运输和仓储都是非常重要的环节。目前，原油运输主要由两种：其一，管道运输，比如俄罗斯到我国的石油管道，以及俄罗斯输往东欧国家的“友谊”管道等。其二，远洋海运，即通过大型轮船来运输原油。目前，我国从中东进口的原油主要是通过远洋轮船来完成运输的。提到这里，大家应该清楚我们国家最近一些年大力发展远洋海军的原因了吧！随着我国经济的发展，对原油的需求会原来越大，那么，这个原油运输的线路对国家能源安全就是至关重要的。如果谁将这个航线截断了，那么整个国家的能源安全将会受到极大的挑战。只有将海军发展到一定程度，才有能力保护自己的原油运输路线。

三、原油期货市场

原油期货市场的发展与形成，经历了以下几个阶段。如图 3-4 所示。

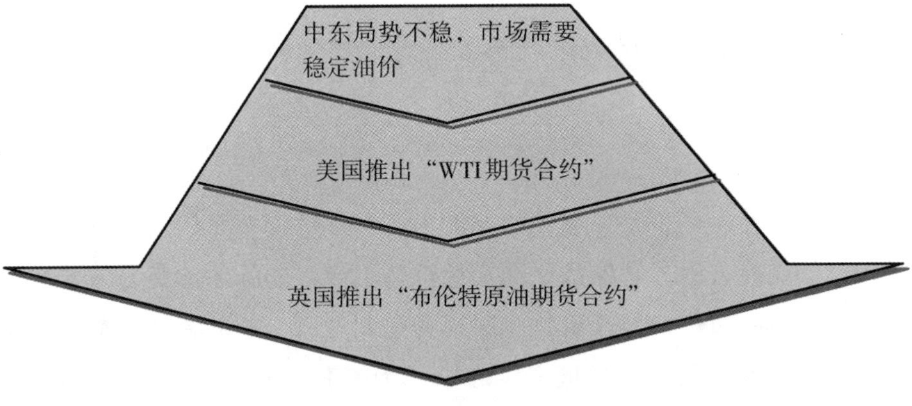

图 3-4 原油期货市场的发展

第一，原油作为目前世界上最重要的能源之一，其分布极不均衡。在欧洲和东亚两大主要经济区相对较少，这就使得这些经济区不得不依赖于中东地区的原油。与此同时，中东地区又是世界上最不稳定的地区，这就使得原油价格波动特别剧烈，这在一定程度上对全球经济造成了较大的冲击。

第二，在中东战争期间，石油常常被中东国家用做制裁西方国家的武器。为了削弱石油输出国组织的影响力，加强对原油价格的控制，完善以市场供需为主的价格机制，欧美国家逐渐放宽了对原油市场价格的管控。1982 年，美国纽约商业交易所推出了世界第一个真正意义上的原油期货合约——轻质原油期货合约。这是以美国西得克萨斯中间基原油为主要交易标的，又称为西德克萨斯中间基原油（West Texas Intermediate，简称 WTI）期货合约。

第三，20 世纪 60 年代以后，北欧挪威以及英国等地陆续发现油田，特别是 1976 年在北海布伦特地区开始产油。针对越来越大的北海石油贸易，普氏能源在 1978 年推出了“原油市场价格连线”。1981 年，15 天远期原油期货合约被开发用于原油交易。

20 世纪 80 年代，OPEC 原油的市场份额开始下降。1986 年，OPEC 决定将价格与期货市场挂钩。

1988 年，伦敦国际石油交易所正式推出“布伦特原油期货合约”。至此，国际两大种基准原油——WTI 和布伦特正式出现。

四、三大主要原油期货合约

目前，全球原油期货市场上，最主要的期货合约包括以下三类，如图 3-5 所示。

1. 布伦特期货合约

布伦特期货合约，是以布伦特原油为基准油的期货合约。布伦特原油以其质轻、低硫而著称，布伦特原油期货价格也成为国际原油交易的基准价格之一。目前，向布伦特地区出口原油或者在此地区交易的原油，都以该类原油为质量基准油。同时，西北欧、北海、地中海、非洲以及也门、伊朗等部分中东国家，也参照布伦特原油的价格。

目前，布伦特原油期货合约在伦敦国际石油交易所（International Petroleum Exchange，简称 IPE）、美国芝加哥商品交易所（Chicago Mercantile

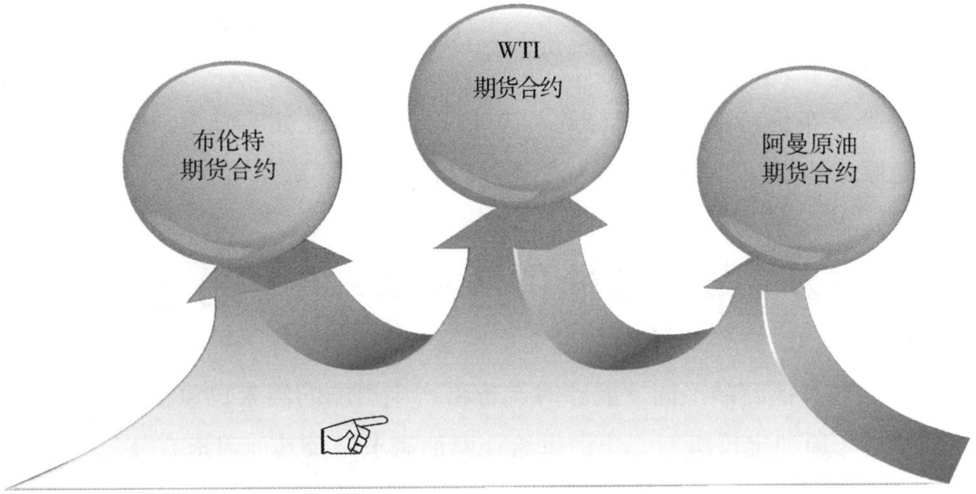

图 3-5 三大主要原油期货合约

Exchange，简称 CME）和洲际交易所（Intercontinental Exchange，简称 ICE）都有交易。不过，IPE 仍是布伦特原油期货合约的主要交易所，全球三分之二的现货交易都与之挂钩。

2. WTI 期货合约

WTI 期货合约是由美国纽约商品交易所以西得克萨斯中间基轻质原油为主要交易标的推出的期货合约。目前，WTI 期货合约是世界上成交量最大的商品期货品种之一。WTI 期货合约成为该地区以及向该地区出口石油的基准油。

目前，厄瓜多尔以及墨西哥湾的原油都参照该合约报价，而沙特阿拉伯向美国出口的轻油、中油、重油以及贝里超轻油，都以该合约的报价作为参照基准。

3. 阿曼原油期货合约

迪拜商品交易所（Dubai Mercantile Exchange，简称 DME）推出的阿曼原油期货合约，是全球最大的实物交割原油期货合约。由于阿曼苏丹国并非石油输出国组织成员，其原油出口数量和目的地并不受石油输出国组织的约束，因而阿曼在制定原油期货价格方面具有一定的中立性。

阿曼原油期货合约是亚洲最重要的参考合约。DME 交易中的 40% 阿曼原油被输往中国。

另外，布伦特原油期货合约和 WTI 合约的基准油为轻质、低硫原油，而阿曼原油期货合约的基准油为含硫量较高的原油。

第二节　原油价格及基本供需分析

原油与其他商品不同，能够对其价格产生影响的因素也包括很多方面，原油价格与原油定价机制、原油供给、原油需求以及其他因素有关。

一、国际原油定价机制的演变

世界各国、各大跨国公司在石油资源以及石油定价权方面进行过多次争夺，国际原油定价机制也因此出现了多次演变。概括起来说，国际原油定价机制大致经历了四次较大的变迁，如图 3-6 所示。

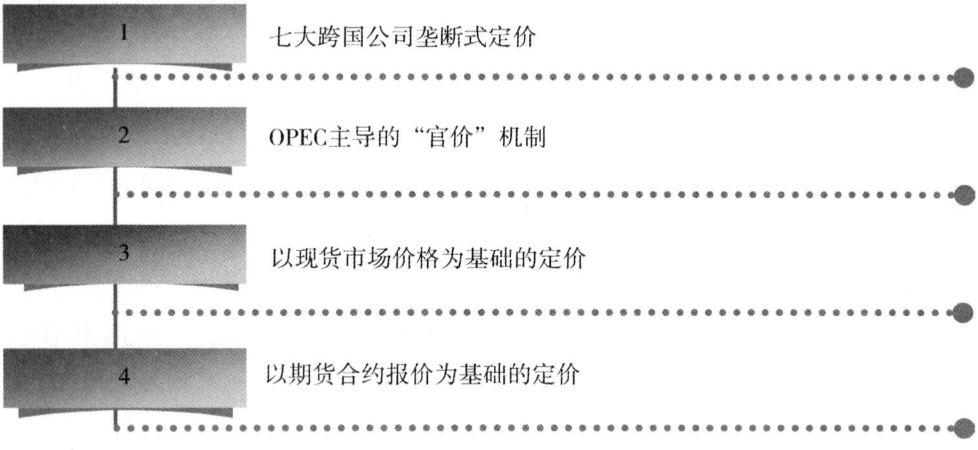

图 3-6　国际原油定价机制的演变过程

1. 跨国公司定价机制

国际原油定价机制的出现，是伴随着国际原油交易而产生的。尽管石油工业在 19 世纪末期就已经出现，但石油贸易却是在 20 世纪中叶后期才开始出现的。不过，在这一时期，石油定价权并没有掌握在产油国的手中，而是掌握在七大跨国公司手中。这七个跨国公司分别为：埃克森、英国石油、壳牌、美孚、海湾石油、德克萨斯石油和莫比尔石油公司。这七大石油公司一方面通过各类“租让协议”控制了中东地区大部分石油资源，另一方面还通过掌握的大量炼油厂、运输船、石油销售网络来谋取暴利。

为了防止各公司之间进行恶性竞争，七大石油公司划定了各自的市场份额，并规定了石油的定价方式，即以从墨西哥湾离岸价格加上墨西哥湾到目的地运费为基准计算价格。这种定价并不考虑石油的原产地，即使大部分石油都来自于中东地区。这七大公司通过这种垄断式定价，将原油价格维持在极低的水平。比如在1950年到1973年期间，平均每桶原油的价格仅为1.80美元（相当于煤炭价格的一半左右）。

2. OPEC官方定价机制

随着世界经济的发展，各国对石油的需求量大幅增加，七大石油公司为了获利而不愿意提高原油价格，这就使得各产油国与七大石油公司出现了严重对立。1960年9月14日，伊朗、伊拉克、科威特、沙特等四个海湾主要产油国和委内瑞拉，在伊拉克首都巴格达开会，宣布成立石油输出国组织（OPEC）。在OPEC内部，委内瑞拉的石油储量最为丰富，而沙特的石油质量最佳、成本最低。这五大产油国石油储量占世界石油总储量的75%左右。

在OPEC成立最初的十多年里，并未改变七大跨国公司主导的石油定价机制，原油价格仍维持在1.80美元。1972年，作为OPEC组织内最主要的产油国之一，沙特与美国签订了一系列协议，核心内容为美国为沙特提供军事保护，而沙特利用其在OPEC组织内的领导地位，保证所有的原油用美元支付。至此，石油美元结算机制正式形成。直到今天，这一结算机制仍是国际原油市场的主要结算方式。1973年1月，在OPEC组织与西方七大石油公司不断斗争下，国际原油价格从1.8美元上涨至2.95美元。

不过，真正让OPEC拿到石油定价权的事件是1973年的第一次石油危机。1973年，第四次中东战争爆发。为了抗议美国对以色列的支持，阿拉伯世界的 OPEC 成员国开始减少石油产量并对美国实施禁运。同时，OPEC 将官方石油价格从 3 美元上调至 10 美元。美国、日本以及欧洲等国经济遭受重创，七大跨国公司被迫取消自己所标的石油价格，从此以后，OPEC“官价”成为整个国际原油市场的官方指导价，即“官价”。

此后几年，成为 OPEC 组织的黄金年代。随着世界经济的快速发展，整个世界对原油的需求量大幅增长，OPEC 组织通过控制国际石油价格，不仅为各自国家赢得了巨量利润，还借助石油寻求重新建立新的世界经济秩序。不过，这一切又被另一场石油危机所打断。

1979 年，伊朗革命爆发。伊朗也是 OPEC 组织成员，同时也是最重要的石油出口国。该国爆发革命后，国际原油供应量大幅减少。与此同时，世界各国对石油的需求量却在增加，这就使得石油现货市场的油价大幅上升，且远远超过了 OPEC“官价”。很多跨国公司开始转入石油贸易领域，利用现货市场油价高于 OPEC 官价来赚取差价，这在很大程度上冲击了 OPEC 的“官价”体系。

3. 以市场为基础的多元定价机制

石油市场现货价格与“官价”背离，在冲击以 OPEC 为核心的石油定价机制的同时，美国、欧洲与日本也在努力降低对 OPEC 石油的依赖，包括寻找替代能源，降低能源消耗等。另一方面，高企的石油现货价格，在一定程度上刺激了非 OPEC 国家开发新油田的步伐。随着非 OPEC 国家产油量开始超过 OPEC 国家，整个国际石油市场的供给开始大于需求，石油价格开始走低。OPEC 国家为了保住石油价格，开始推行“限产保价”策略，但由于非 OPEC 国家产油量持续增加，且 OPEC 内部对“限产保价”策略的看法并不一致，这也造成了国际原油市场石油价格进一步走低。最终，OPEC 国家不得不放弃“限产保价”策略，从此，OPEC“官价”开始与市场接轨，OPEC 国家也开始使用长期合同与现货市场价格挂钩的定价形式。

4. 以期货市场主导的石油定价体系

尽管国际石油市场的价格开始转入以现货市场价格为基础的定价，但无论对于产油国还是石油贸易商来说，现货市场的价格还是缺乏一定的前瞻性，而石油期货合约在一定程度上可以弥补这一缺憾。

最早的石油期货合约是 20 世纪 70 年代由英国推出的布伦特远期合约。1982 年，美国纽约商品交易所推出了以西德克萨斯中间基原油（WTI）期货合约； 1988 年，英国国际石油交易所推出了以布伦特远期合约为清算基础的布伦特期货合约。这两个影响力较大的期货合约上市后，引来了大批交易者，包括石油生产商、贸易商、炼油厂、消费者、投资银行、对冲基金等。与此同时，石油期货合约的交易量逐渐攀升，达到了现货贸易量的十倍以上。由于期货合约价格更加公开、透明，且具备价格发现功能，避免被个别机构操纵，使得国际市场原油交易越来越多地开始使用石油期货价格作为交易基准价。

目前，国际原油贸易普遍采用公式定价的模式，即买卖双方以国际市场接受的某个基准原油或基准价格为基础，再根据原油品质、供需等进行一定的调整（升贴水），这个基准价格一般都是以相应市场的石油期货价格为基准的。在国际原油交易领域，影响较大的石油期货合约包括美国的 WTI 期货合约、北海布伦特原油期货合约等，中东产油国阿联酋推出了穆尔班原油期货。各类石油期货合约往往会成为某些地域原油交易的基准价格，如图 3–7 所示。

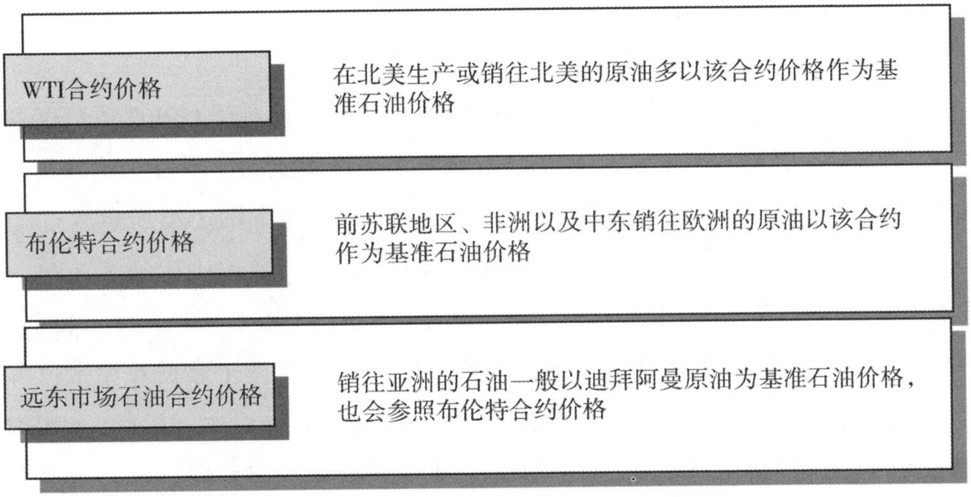

图 3–7　基准石油价格与期货合约

从图 3-7 中可以看出，远东地区在原有基准报价领域极其缺少影响力，尽管中国已经成为第一大原油进口国，但在原油价格方面几乎没有多大的话语权。也正因如此，亚洲各国才会积极开拓石油期货市场，以期提升石油基准价格的话语权。2018 年 3 月 26 日，中国原油期货在上海期货交易所正式上市交易，这是中国期货市场迈向国际化的重要一步，也是提升原油基准价格话语权的重要一步。

二、国际原油供给端分析

商品的供给量势必会对价格产生较大的影响，原油也不例外。国际原油的供给与其他商品不同，整个国际原油市场的供给方主要分为两大阵营，如图 3-8 所示。

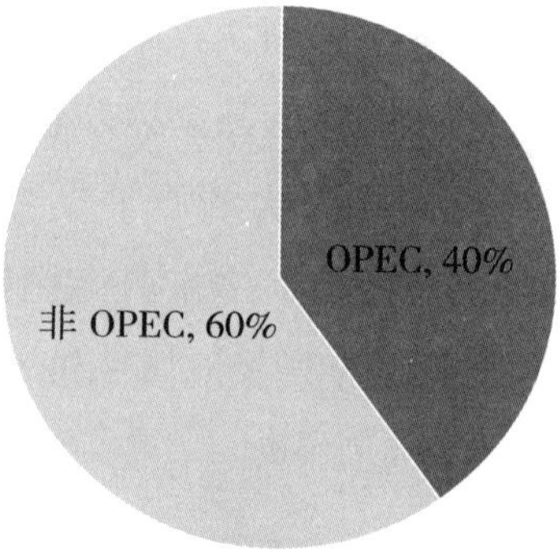

图 3-8　国际原油生产量占比

从图 3-8 中可以看出，目前，国际原油产量主要来自于 OPEC 成员国和非 OPEC 国家两类。其中，非 OPEC 国家的原油产量更高。不过，这只是原油的产量分布，若从国际原油供给量来看，两者的占比如图 3-9 所示。

从图 3-9 中可以看出，尽管非 OPEC 国家原油产量占比达到了 60%，但能够向外出口并形成国际原油供给力量的，还是以 OPEC 国家为主。目前，OPEC 国家原油出口量占全球原油总供给量的 60%。从两个数据对比中也可以看出，非 OPEC 国家原油产量较高，但同时消费量也很大。相反，OPEC 国家原油消费量则相对较低。正因如此，两者的产量与供给量情况，也会对国际原油价格产生不同的影响。

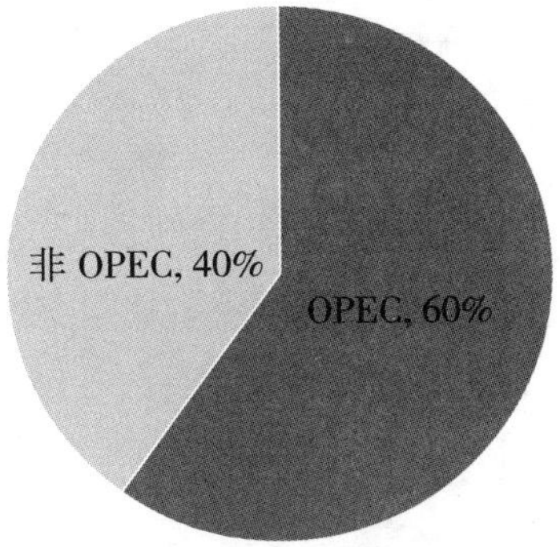

图 3-9　国际原油供给量占比

1. OPEC 原油供给与国际油价

从目前的国际原油市场来看，OPEC 组织成员国仍具有很大的影响力。由于 OPEC 成员国仍是国际原油供给的核心力量，因而其原油供应策略会直接影响国际油价，当然，有时也可能直接作用于石油期货市场，并间接传导至国际石油现货市场。OPEC 组织与非 OPEC 产油国还有一个显著的不同在于，其油田主要掌握在国家政府手中，且目前其石油产能并未饱和，即 OPEC 国家可以根据国际市场原油价格以及国际形势、国家政策，对石油产量进行调节和控制。当国际市场原油价格上涨或需求增加时，可以提升产能对冲相关影响；反之，当原油价格大幅下跌或需求减少时，也可以适当地缩减原油供应量来保护油价。

比如，2021 年 3 月 5 日，OPEC 及其盟友宣布将石油减产措施延长至 4 月底，受此消息影响，国际原油价格直线上行。国内期货市场原油期货合约同步上涨，如图 3-10 所示。

2. 非 OPEC 原油供给与国际油价

非 OPEC 国家的原油产地主要集中于北美、前苏联和北海地区。

相对于非 OPEC 国家来说，他们更像是国际原油市场价格的被动接受方。这些国家的原油资源大部分掌握在跨国企业手中。这些企业从追求股东权益最大化角度出发，使得整个原油产能接近于饱和状态。因此，在石油供应链条上，非 OPEC 组织成员的石油供给量可调节空间相对有限。当然，这些非

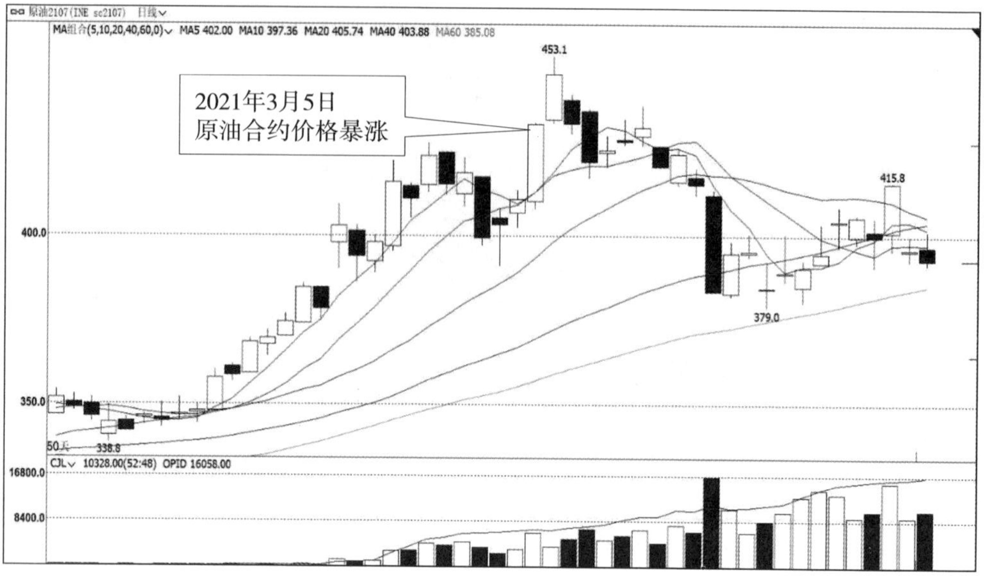

图 3-10　原油 2107 日 K 线走势图

OPEC 国家也会在国际油价大幅上涨时临时追加产能，以便于获取更高的收益。也就是说，除非发生意外事件，否则，非 OPEC 成员对国际市场原油供给都会是相对稳定的，且对国际油价很难产生较大的影响。

3. 原油产量情况

原油的储量和产量并不是相同的概念。很多石油储量丰富的国家，实际开采量可能并不高，这就使得世界各国实际石油生产量与储量存在一定的差异。目前，世界石油生产量情况如图 3-11 所示。

从图 3-11 中可以看出，美国、俄罗斯、沙特阿拉伯为日产油量最高的三个国家。而前面介绍原油储量时提及的储量第一的委内瑞拉，并没有进入产油量前十，这与美国的制裁有着直接的关系。从图 3-11 可知，美国的石油储量仅排名第九位，而产量却居第一位。这一方面说明美国石油开采技术先进，也有其背后政治博弈的考量。之前，为了保护本国石油资源，美国对石油开采采取了一定的限制措施。但特朗普政府上台后，加大了石油开采力度，并且由于美国页岩油革命，使其开采成本大幅下降。在美国加大石油开采力度的情况下，促使国际油价大幅走低。

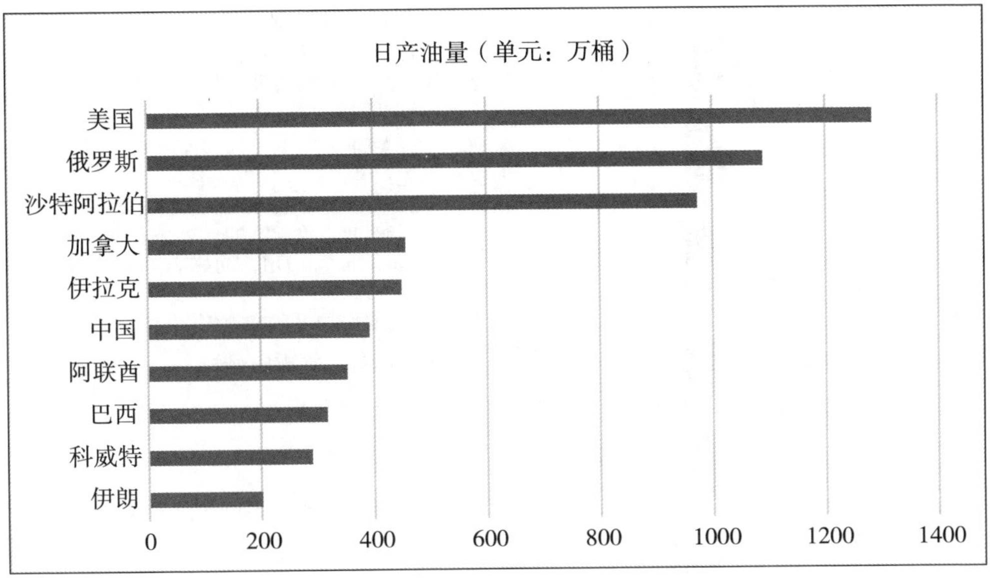

图 3-11　原油产量数据（2020 年年初数据）

从日产油量上，还可以看到我国的排名也达到了第六位，尽管与前三名相差较多，但这也与我国的石油储量存在一定的背离，反映出我国在加大石油开采力度，以减少对国际原油的依赖。

三、国际原油需求端分析

在原油产业链的下游，主要涵盖了原油的炼制、加工与销售等环节。事实上，这只是一个相对宽泛的概念。原油产业链的下游，实质上连接着国民经济的各个方面。如图 3-12 所示。

从图 3-12 中可以看出，炼化后的原油被用于国民经济的方方面面。可以这样说，我们现代生活已经很难离开原油了。

其实，我们也没有必要了解原油的具体消费去向，只需要对整个原油的消费情况有所了解即可。目前，从全球来看，原油消费大国往往也是经济大国，美国与中国仍是最大的两个石油消费国。按地区划分，原油消费情况如图 3-13 所示。

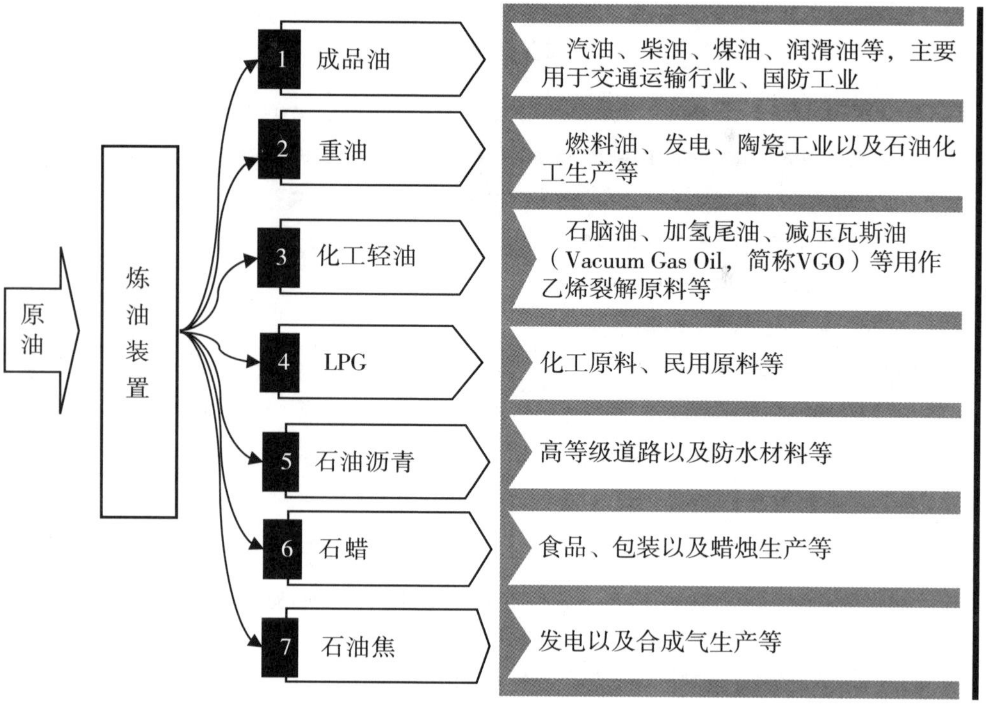

图 3-12　原油以及炼化后的用途

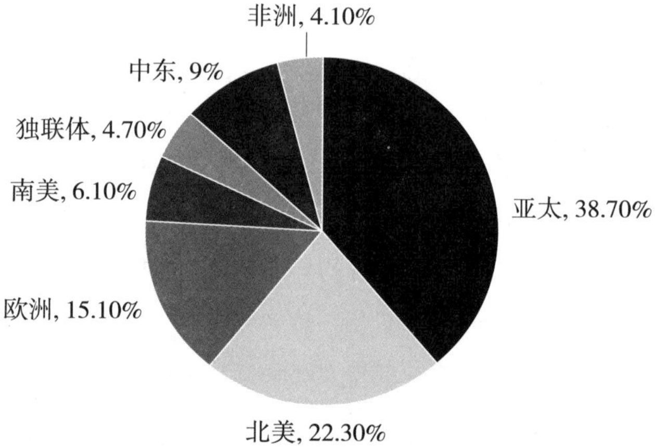

图 3-13　全球各主要经济体石油消费占比

从图 3-13 中可以看出，亚太地区作为全球最大的经济体，石油消费量也是最高的，北美次之。从具体国家来看，美国和中国的石油消费量又是各个国家中最高的。同时，受疫情的影响，在2020年，美国石油消费量出现了下滑，而中国得益于良好的疫情控制策略，经济受影响相对较小，使得石油消费量进一步提升。下面来看一下2019年十大石油消费国情况，如图3-14所示。

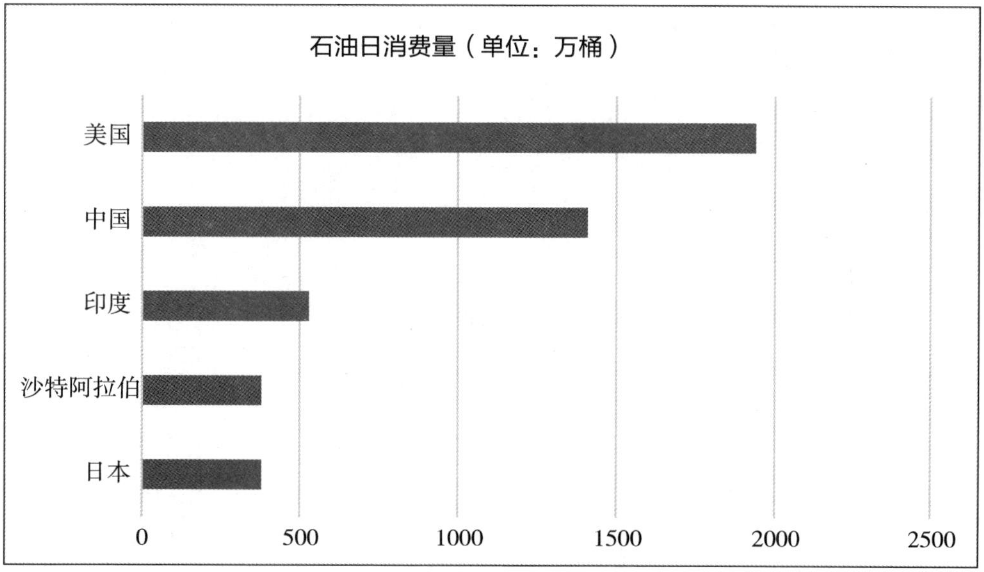

图3-14　世界五大石油消费国

对照原油供给和生产国的情况，大家可以发现，尽管美国石油消费量全球最高，但其也是最大的原油生产国，其原油缺口并不算大。也就是说，相对于消费量，中国对外部石油资源的需求量更大。原油进口数据可以印证这一点，如图3-15所示。

对照之前的原油产量数据可以发现，亚洲的中国、印度、日本、韩国等四个国家占据了原油进口量前五名中的四个，这一方面说明亚洲属于相对贫油的地区；另一方面也说明亚洲经济整体上处于良性上升势头，对原油的需求量较大。另外，中、日、韩等三个国家对进口原油的需求量都比较大，而这三个国家的大部分原油都来自于中东地区，因而从地缘关系上来讲，马六甲海峡就是原油运输的必经之地。这一地带国家之间的关系，以及各大国之间的博弈，都可能对我国的石油安全产生重要的影响。

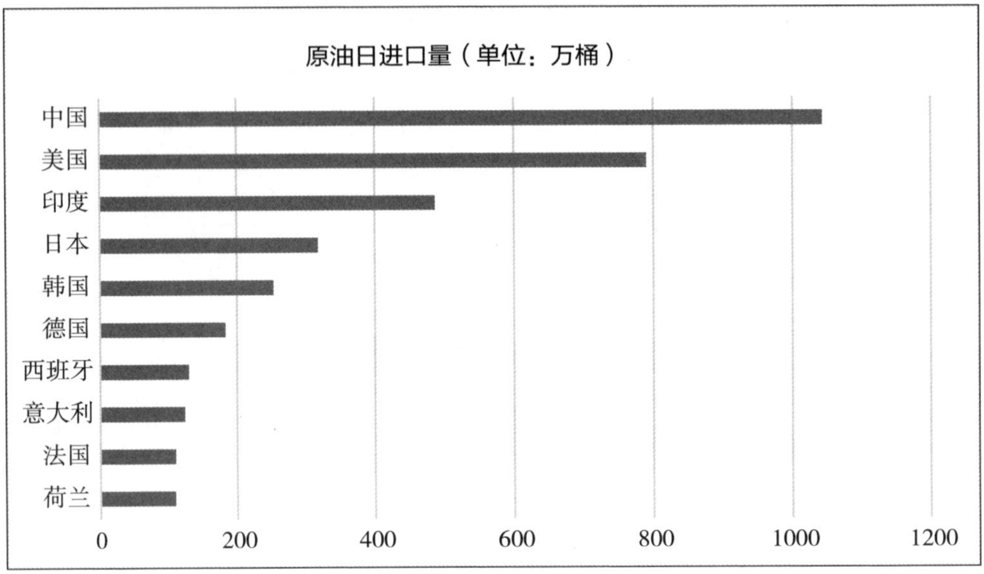

图 3-15　世界十大原油进口国

同时，中国和美国，是两个产油量和进口量都位居前十的国家。从中也可以看出，世界经济发展的主动驱动力量也是来自这两个国家。相比较而言，中国的原油进口量要高于美国，而且未来还会更高，这一方面与我国经济发展态势有关，另一方面也与我国石油储量并不高有关。从某种意义上来说，我国对外部原油的依赖程度更深，因而也对国际油价的波动更为敏感。如图 3-16 所示。

从我国原油进口国的情况也可以看出国家为了维护能源安全所做的一些安排。从中东、俄罗斯、南美的巴西、非洲的安哥拉，甚至美国以及北欧的挪威，都是我们的进口来源国。这种分散式安排，一方面有利于平抑原油价格，另一方面也有利于能源安全战略，没有将所有的鸡蛋放到同一个篮子里。

不过，这里有一点还要注意，除了俄罗斯原油可以通过管道运输外，其他地区的原油大部分还是需要大型轮船来运输的。这一方面推动了我国造船事业的发展（目前我国的造船能力已经排名世界第一），另一方面也需要大力发展远洋海军来保护这些运油船。

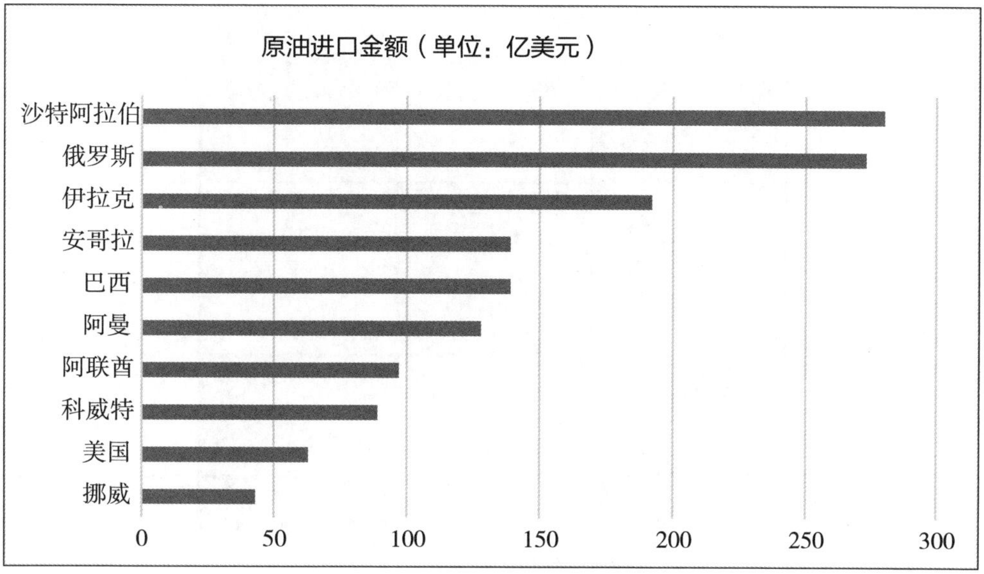

图 3-16　中国十大原油进口国

第三节　原油价格影响因素

原油作为一种相对特殊的商品，其供给与需求的变化同样会对其价格产生较大的影响。一般来说，供给量增加，原油价格就会回落；供给量减少，价格就会上升。从需求端考虑也是如此，即需求增大，价格上升；反之，需求减少，价格自然下跌。

概括说来，引发原油价格波动的因素主要包括以下几类。如图 3-17 所示。

一、地缘政治冲突

相对而言，目前全球几大主要原油储备区中，北美地区比较稳定，加拿大与美国同属较大的产油国，而且加拿大经济规模相对较小，原油还可以向美国提供，加之两国同属北美自贸区，拥有共同的边界。南美以委内瑞拉为核心的产油区，则因为美国的制裁而无法向世界其他地区供应原油。非洲产

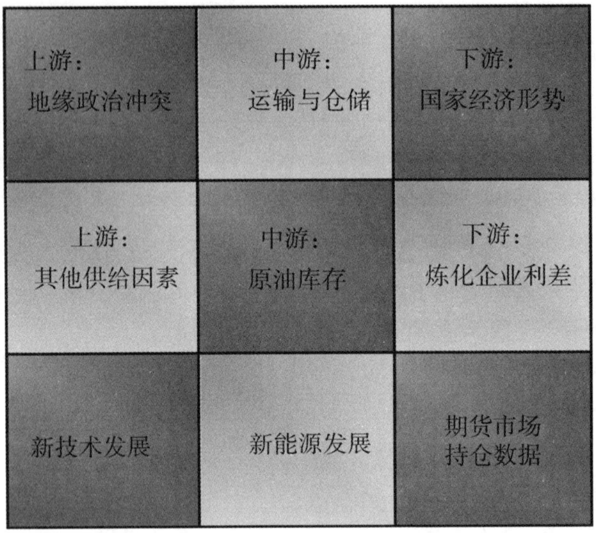

图 3-17　原油价格波动的影响因素

油区是最近几年供应原油持续上升的地区，而且未来发展潜力巨大。独联体产油区则因为美国对俄罗斯的制裁而使原油产能受到了一定的影响。

目前，原油储备最为丰富的地区就是中东地区，而该地区又是全球最不稳定的一个区域。巴以冲突、伊核问题的解决，都可能对中东局势产生重要的影响，而这又会对全球石油供给造成较大的影响。

总体上来说，世界上主要能够向外供应原油的地区，以中东、非洲和以俄罗斯为核心的前独联体国家为主，其中又以中东为主。不过，中东地区冲突频发，时常会对国际原油供应产生影响，并进而扰动国际原油市场，促使原油期货和现货价格产生波动。比如，2021 年 5 月中旬，在新冠疫情的影响下，国际经济形势不佳，原油价格走低。而 5 月 14 日，受巴以冲突的影响，国际油价开始止跌上升，如图 3-18 所示。

如图 3-18 所示，原油主连合约的价格在 2021 年 5 月 14 日晚盘之前一直呈振荡下行态势，由此可见，全球经济疲软对油价还是具有很强的抑制作用的。不过，5 月 14 日晚盘则受巴以冲突爆发的影响，国际金融市场担忧原油供应问题，致使国际油价开始大幅上升，国内原油期货合约的报价随之出现跳空高开。此后的几个交易日，原油价格持续走高，显示出市场对巴以冲突的担忧。

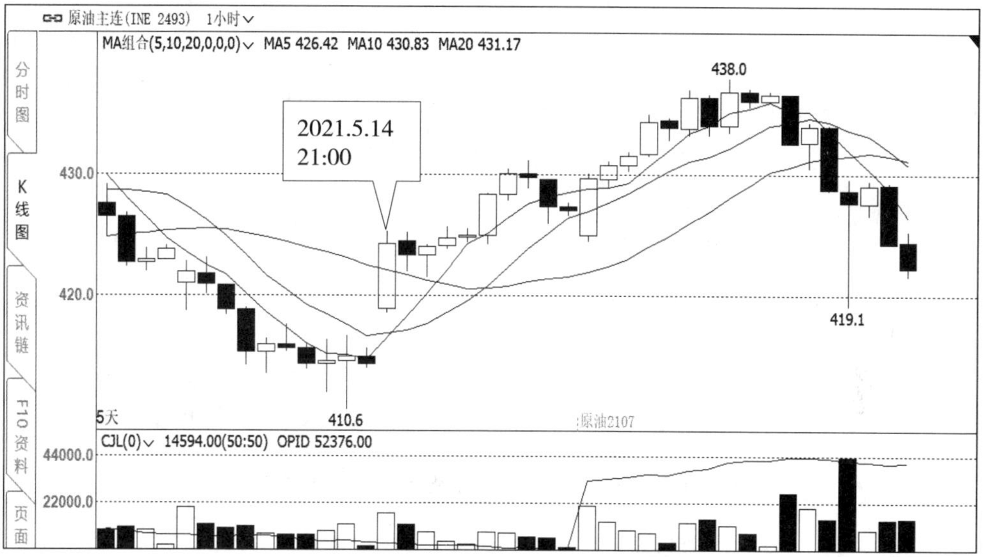

图 3-18　原油主连合约价格 60 分钟 K 线走势图

2022 年 2 月 24 日，俄乌冲突爆发。美国以及主要西方国家陆续出台了对俄制裁措施，这些制裁措施涵盖了金融、能源等诸多领域。由于俄罗斯是全球最大的原油和天然气供应国之一，特别是在欧洲能源领域占有及其重要的地位。市场担心俄罗斯对欧洲的石油、天然气供应中断，欧洲存在爆发能源危机的可能。一时间，原油价格连续大幅上攻，并突破了 100 美元这一重要关口。如图 3-19 所示。

如图 3-19 所示，在俄乌冲突爆发之前，俄罗斯与乌克兰的关系已经非常紧张，市场对俄乌冲突的发生有所预估，所以原油价格已经持续走高了一段时间。但在 2 月 24 日，当俄乌冲突真的发生时，还是引起了市场较大的恐慌，原油价格大幅走高。其后，随着冲突的延续，市场对于欧洲能源危机的担忧越发严重，原油价格持续走高。到了 2022 年 3 月 9 日，相比 2021 年年底的原油价格涨幅超过了 90%。

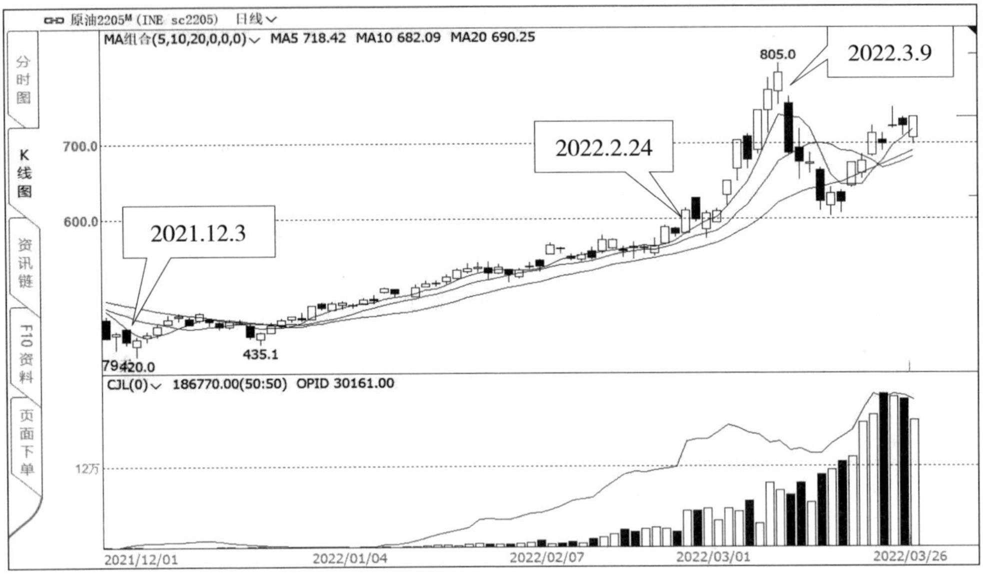

图 3-19 原油 2205 合约日 K 线走势图

二、扰动供给的其他因素

除了地缘政治冲突外，还有一些其他因素也会对原油供给产生较大的影响。这些因素包括以下几方面，如图 3-20 所示。

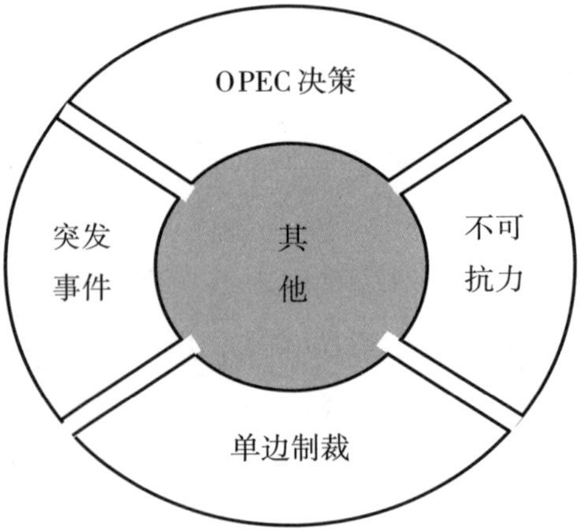

图 3-20 扰动供给的其他因素

第一，OPEC 以及主要产油国的限产或增产决定。这些主观性的决定是影响原油供给最直接的因素，特别是 OPEC 组织对原油的限产与增产决定，对原油供给的影响最大。另外，OPEC 组织可能会根据国际经济形势、全球对原油的需求量变化、国际油价情况等因素，适时调整其组织内部的产油计划，这对全球原油供给会产生较为直接的影响。多次原油价格出现大幅上涨或下跌的情况下，OPEC 宣布了其原油增产或减产的决定。从实际效果来看，OPEC 的决议对原油价格的推动还是显而易见的。

第二，其他不可抗力的影响。比如，在主要产油区出现地震、火灾等自然灾害，就可能对该地区的原油产量造成较大影响，进而影响全球的原油供应。比如，在 2016 年 5 月加拿大的主要产油区遭遇了森林大火，直接导致该地区原油产量下降，进而影响全球的原油供应。2005 年墨西哥湾发生飓风，也影响了当地石油生产，造成了国际油价上升。

第三，美国等西方国家的单方面制裁与长臂管辖，也可能对原油供给产生影响。比如，美国对委内瑞拉、伊朗的制裁，使得这两个原油储量大国都没有发挥出应有的产能。

第四，突发事件。一些国家的工人罢工，也可能对当地原油产能造成较大的影响。比如在 2002 年发生的委内瑞拉原油工人大罢工，直接推动了国际原油价格的上升。

三、运输与仓储

目前，原油运输的途径主要包括管道运输和远洋轮船运输两类。对于长途运输，仍是以远洋轮船为主。

正常情况下，远洋运输对原油市场的价格不会出现太大的影响，但出现一些特殊情况时，还是会对整个原油市场的价格产生一定的影响。

比如，国际船运航线因某些因素被阻断时，国际油价就可能出现大幅上升走势。比较典型的，比如 2021 年 3 月 23 日，台湾长荣海运长赐化（EVER GIVEN）搁浅后，被喻为“欧亚大动脉”的苏伊士运河遭遇大塞船。由于市场普遍担心国际原油的运输情况，其后促使国际市场原油价格大幅上扬。如图 3–21 所示。

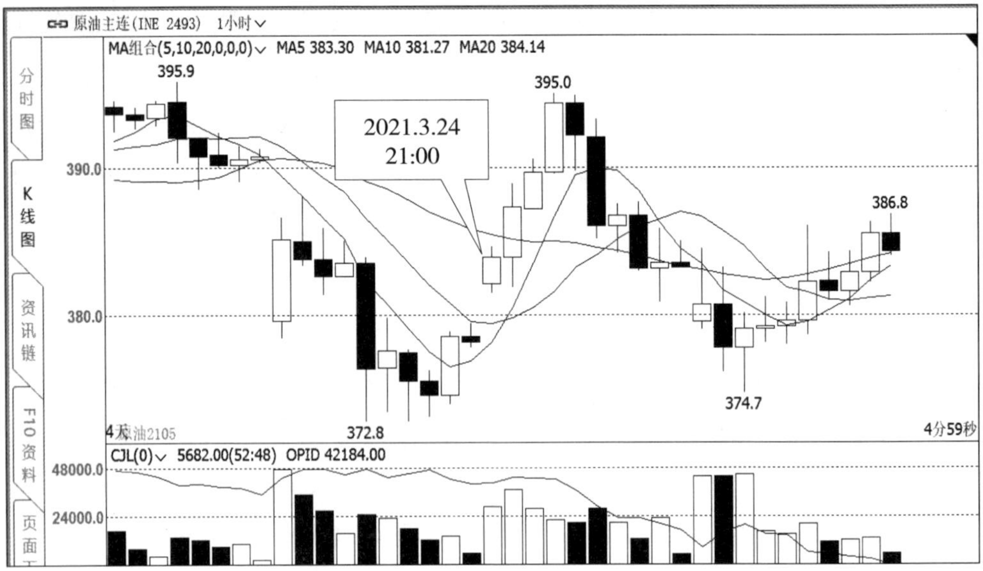

图 3-21 原油主连合约 60 分钟 K 线走势图

如图 3-21 所示，在 2021 年 3 月中旬，原油价格一直呈振荡下行态势。2021 年 3 月 23 日，苏伊士运河因巨型货轮 EVER GIVEN 搁浅而被迫断航。其后，国际市场担忧原油的运输问题，国际油价开始大幅上升。

3 月 24 日 21:00，国内原油期货价格大幅上扬，其后又连续出现上攻走势。不过，这类利空消息并不会真的改变整个国际原油市场的供需结构，因而其影响往往也非常短暂。

四、原油库存

原油库存，也是影响国际油价的一个重要因素。一般来说，各国为了维护能源安全与经济稳定，都会保证一定的原油库存。各国的原油库存，也会根据外界经济环境的变化的适当调整原油储备量。

一般来说，原油储备与经济运行态势密切相关，即当经济发展较快时，原油储备量也会随之上升；反之，则可能会走低。当然，像我国严重依赖原油进口的国家，也会在国际原油价格走低时，加大原油储备的力度。这样一方面有利于平抑国际原油价格，另一方面也有利于长远的能源安全。

同时，在国际油价大幅上扬时，各国也可以通过释放部分原油储备来抑制国际油价的上行。

在很多时候，各国原油储备尤其是中国和美国原油储备量的变化，在一定程度上也会引发国际油价的变化。特别是当中国和美国加大原油储备释放力度时，国际原油期货的价格就有下行的可能；反之，则有上升的可能。

五、国际经济运行态势

国际整体的经济运行态势，是决定原油需求最主要的因素。当全球经济处于良性发展轨道时，各国对原油的需求量都会大幅上升；反之，当经济呈现衰退时，各国对原油的需求量也会随之减少，这将促使国际油价走低。

比如，2020 年全球遭遇新冠疫情的影响，全球经济出现了明显的下滑。2020 年年底，疫情对各国经济的影响达到了最大化，其后经济出现了温和反弹，各国对原油的需求随之走高，而油价也在此时开始触底反弹。如图 3–22 所示。

从图 3–22 中可以看出，原油主连合约的价格自 2020 年 11 月初开始企稳上升后，开启了一波振荡上升走势。相对而言，这种基于全球经济形势向好因素引发的原油价格上升，往往会持续较长时间，不像其他利好或利空因素只能短暂地影响原油价格。

换句话说，原油期货大行情的形成，往往都是在全球经济基本面发生变化的情况下催生出来的。至于其他的因素，只能短暂地推动原油价格的振荡。

在全球经济格局中，中国与美国无疑是最重要的两大主导力量，这两个国家对原油的需求也是最高的。因此，关注原油的国际需求，重点就要关注两国经济的发展态势。同时，印度也是需要重点关注的一个对象。最近几年印度经济的发展速度也比较快，特别是考虑其巨大的人口规模，未来其经济发展的潜力无疑是相当巨大的。其实，印度的人口优势不仅表现在第二大人口国或者即将成为世界第一大人口国，还有另一个反映印度经济潜力的数据也是值得关注的，即印度 25 岁以下人口占比超过一半，35 岁以下人口占比超过 65%，这就意味着印度劳动力红利期还有二十到三十年可以释放。

图 3-22 原油主连合约周 K 线走势图

六、炼化企业的利差与生产积极性

炼化企业的利差与积极性也是影响原油需求的一个重要因素。当原油价格上扬，而终端原油石化产品价格并未给予相应的反应时，各大原油炼化企业的利差就会被挤压，从而影响其生产的积极性。由于很多炼化企业都会储备相应的原油库存，此时这些企业更加倾向于使用自己的库存而非购买原油来生产，甚至可能会减少向下游供货的数量，这在一定程度上会传递到原油供应端，抑制原油价格继续走高。反之，当原油价格走低时，炼化企业的利差增大，就会更加积极地投入生产，并会趁机增加库存，这在一定程度上就会增加原油的需求，并抬升国际市场原油价格。

当然，从目前来看，下端炼化企业对原油价格波动的影响相对较小。毕竟原油供给量具有很大的主观成分，特别是 OPEC 组织的话语权较重，而下游企业的话语权就要小很多。

七、新技术发展对原油价格的影响

原油开采成本，是原油价格最重要的组成部分。一般来说，当国际原油价格下跌至开采成本线附近时，原油开采国就会不愿意继续开采原油，转而从外部购买便宜的原油。当新技术被广泛应用于原油开采领域，并能够大幅降低原油开采成本时，也会促使国际油价下行。

1. 各国原油开采成本

由于各国石油储量和地理环境不同，原油开采难度也存在较大的差异，因此在原油开采成本上各国存在相当大的差异。图 3-23 为各主要原油生产国的开采成本数据。

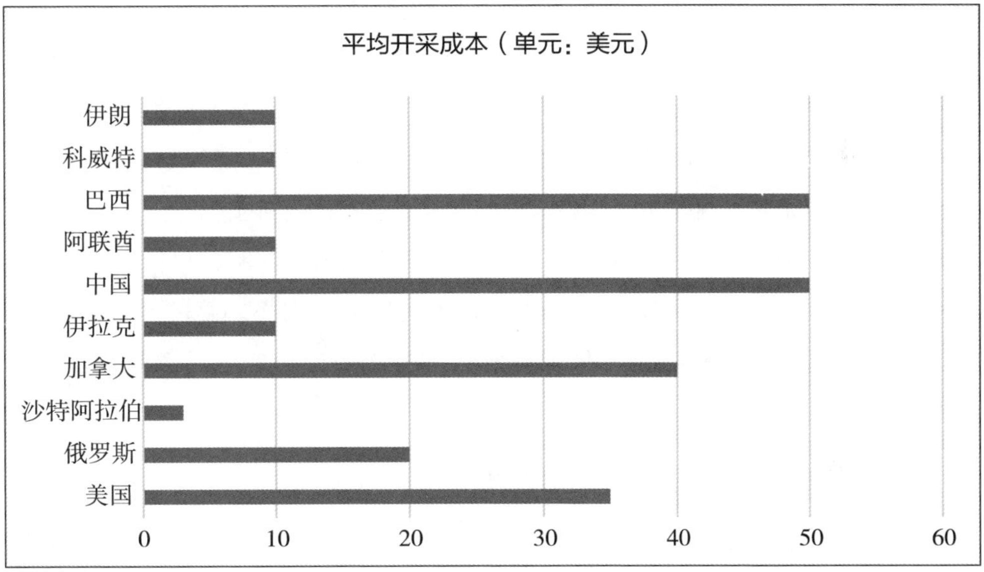

图 3-23　原油开采成本数据

从图 3-23 中可以看出，中东地区各产油国的原油开采成本普遍低于 10 美元每桶，加上运输费用，其成本也不会超过 20 美元每桶，这就使得其原油在国际市场具有非常强的竞争力。总体上来看，我国的原油开采成本十分高昂，甚至会高于国际油价。一般看来，这似乎不合常理，若国外进口原油低于国内开采成本，似乎国内就没有继续开采的必要了。其实，能源安全问题是不能仅从经济入手分析的。一旦国内原油不再开采，而我国对原油需求量又极为庞大，势必会拉升国际油价。同时，一旦国际原油供应出现问题，国内的能源安全将会受到极大的挑战。其实，能源安全问题与粮食安全问题也比较相似，都是不能简单地用经济方法来计算的。

2. 新技术在原油开采领域的应用

随着科技的发展，越来越多的新技术被用到原油开采领域，这极大地提升了原油开采效率，降低了原油开采成本。这也是最近一些年国际油价要比前些年低一些的原因。

在众多新技术中，北美的页岩油革命是最具影响力的。页岩油是指以页岩为主的页岩层系中所含的石油资源。其中包括泥页岩孔隙和裂缝中的石油，也包括泥页岩层系中的致密碳酸岩或碎屑岩邻层和夹层中的石油资源。页岩油本质上是一种人造石油，但其生产成本要大幅低于传统的原油。由于全球页岩油的储量十分丰富，甚至比原油储量还要多，这在一定程度上保证了未来全球能源的需求，同时也对国际油价起到了一定的抑制作用。

页岩油革命发端于美国。美国走在了页岩油革命的潮头，并率先获益。自页岩油革命发起后，美国原油产量出现了大幅上升态势。通过页岩油革命，美国一跃成为与沙特阿拉伯、俄罗斯并列的三大原油生产国，国际油价也因此出现下行态势。

八、新能源与替代能源的发展

与其他能源类似，在很多情况下，石油资源也存在被其他能源替代的可能性。尤其是最近几年，随着全球气候变暖的影响，世界各国越来越重视碳排放问题，各国都在加大用电动汽车替代常规能源汽车，这势必会降低未来对原油的需求。与此同时，以太阳能、风能、核能为代表的新能源，在诸多领域开始取代化石能源，这在一定程度上也会抑制全球对石油资源的需求。

当然，新能源对化石能源的替代是一个长期的过程，而且目前在很多领域还没有完成对其替代。这也就意味着，暂时这还只是一个趋势性的问题，并非石油资源或化石资源的现实问题。因此，在国际油价走势上，当某一项新能源可以替代石油资源某些功能或作用时，国际油价可能会产生一定的波动，但却无法起到决定性的作用。

九、期货市场持仓与原油价格走势

期货市场上原油价格走势，是对整个与原油有关因素综合作用的一个结果，当然，其中也含有投资者主观情绪的成分。也就是说，正是原油市场的诸多因素，决定了期货市场上原油期货的价格走势。与此同时，原油期货市场的价格走势，又将反作用于现货市场，并进而影响原油现货的交易价格。

比如，在期货市场上，如果多头持仓持续增加，那么，此时原油期货价格势必也会随之走高。不过，当原油价格达到高点时，多头持仓就会开始出现退潮现象。此后，期货价格就可能进入下行通道。这是比较正常的理解。不过，在原油期货市场上，持仓投资者其实可以分为截然不同的两部分：其一，套期保值者（商业持仓）；其二，投机套利者（非商业持仓）。

两者的持仓情况，在某些情况下可能会出现反向运行态势。比如，在原油价格持续上行时，持有多头仓位的套利者势必会增加，与之相反，套期保值者则会减少多头持仓。原油价格进入高位，继续增加多头仓位，对套期保值就没有意义了。这种持仓设计一般只会在原油价格处于低位时，才会显著增加。

反之，在原油价格进入低点时，空头持仓量也会增加，但套期保值者就会增加，毕竟对于套期保值者来说，防范原油价格过快上涨是其最终目标。

原油期货属于全球性期货产品，全球联动比较强。关于原油持仓数据，投资者平时可以多观察一下美国商品期货委员会（Commodity Futures Trading Commission，简称 CFTC）的原油期货持仓数据，如图 3–24 所示。

图 3–24 所示为美国原油非商业性净持仓数据，即净多头的持仓数据情况。由于商业性持仓主要是出于套期保值目的考虑的，因而对于推动原油价格上升作用并不大，真正对原油期货价格的波动起作用的，是这些以投机为目的的持仓。同时，这些持仓的变化，也可以反映市场对于当前原油价格的认可程度。当多头持仓数据持续走高时，说明市场普遍认为未来油价还有上升的可能；反之，则有下跌的可能。

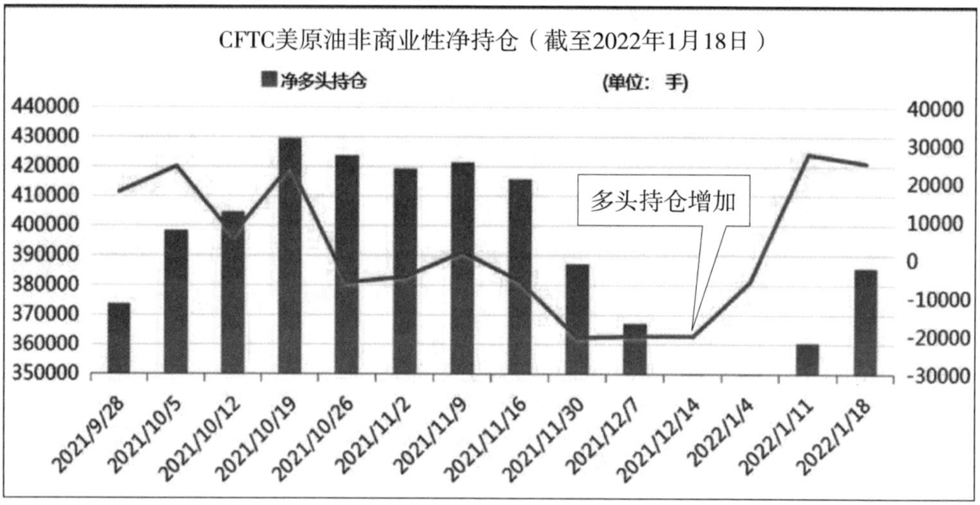

图 3-24　CFTC 美原油非商业性净持仓数据

从图 3-24 中可以看出自 2021 年 12 月中旬以后，净多头持仓数据开始直线上升。下面再看一下国内原油期货的价格走势情况，如图 3-25 所示。

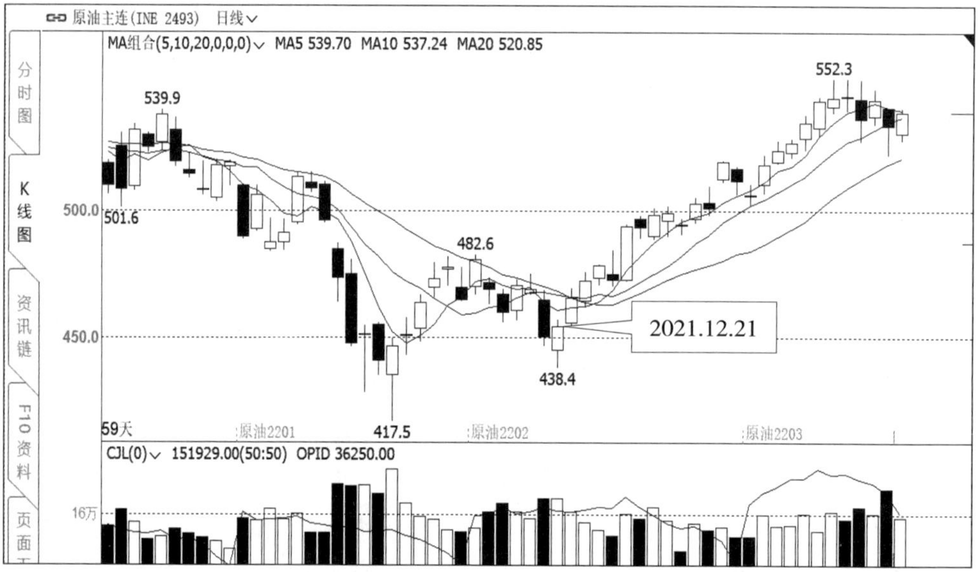

图 3-25　原油主连合约日 K 线走势图

如图 3-25 所示，原油合约的价格在 2021 年 12 月之前出现了明显的下跌态势。自 2021 年 12 月中旬开始，原油合约的价格出现了振荡上升走势。对照之前美国原油非商业持仓数据可知，这与多头持仓数量增加的态势是比较吻合的。

第四节　原油期货及套期保值

为相关企业提供套期保值业务，是所有期货品种设计的初衷，原油期货也不例外。既然是从企业套期保值业务出发，那么，我国原油期货合约的设计肯定也会与国情、相关企业的需求相一致。

原油期货交易需要重点关注以下几个方面。

第一，原油期货合约以及交割；

第二，原油期货套期保值参与者；

第三，原油期货的套期保值操作。

一、原油期货合约及交割要点

前面曾经介绍过，我国原油期货合约的交割标的为中质含硫原油。相对于欧美等国期货市场上的轻质低硫品种，中质含硫原油的质量等级要稍逊一筹，这也就意味着在加工原油过程中，可能要花费更多的成本和费用。不过，由于我国原油主要来自于中东地区，而该地区的原油又以中质含硫为主，同时，中质含硫原油也是世界上储量最为丰富的原油品种，占世界总储量的 44% 以上，那么，这种原油期货合约的设计就会非常有利于期货的交割。

同时，在原油期货合约设计时，还考虑了这样几点，如图 3-26 所示。

1. 原油期货合约计价方式

目前世界上主要几种原油期货合约均以美元作为计价货币，比如 WTI、布伦特以及阿曼原油期货等，都是用美元计价和结算。尽管印度、日本也在探讨用本国货币作为原油期货的结算货币，但影响力仍不足。我国的原油期

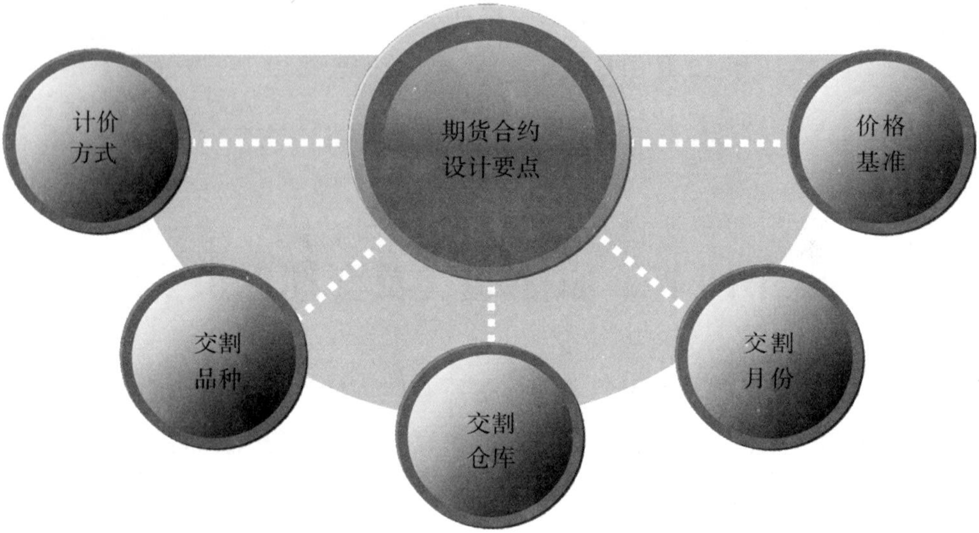

图 3-26 原油期货合约设计要点

货合约是以人民币作为结算货币的，但也可以使用外币作为保证金，这就平衡了国内和国际投资者的需求。通过建立以人民币为结算货币的货源期货交易体系，也有助于提升人民币的国际化。

2. 原油交割品种

目前，我国原油期货的交割品种以中东石油为主，具体说来包括阿联酋的迪拜原油和上扎库姆原油、阿曼原油、卡塔尔海洋油、也门马西拉原油以及伊拉克巴士拉轻油等 6 种。胜利原油作为唯一的国产原油被纳入可交割油种。

3. 在原油仓库交割

由于我国原油 90% 以上都是通过海运完成的，因而交割仓库也主要分布在沿海地区，如长三角、珠三角、胶东半岛和辽东半岛等区域。

4. 交易合约月份安排

在交易合约的月份安排方面，目前我国原油期货市场运行时间相对较短，因而在期货合约安排方面偏保守一些。比如欧美期货市场的期货合约可以达到 5 年到 8 年，而我国目前最长的原油期货合约为 36 个月。其中，12 个月以内的合约为连续月份合约；12 个月以上的合约为季度连续合约。

5. 期货合约价格基准

我国原油期货价格主要参照基准为东南沿海报税原油的现货价格。以中东阿曼原油为例，基准价格为阿曼原油离岸价格加上运费、海关等相关费用之后的到岸交割价格。从这点上来看，投资者可以发现，我国原油期货交易标的与阿曼原油期货市场的交割标的相似，而阿曼原油期货的报价基本上是以离岸价格为基准的，我国的原油期货报价则是以到岸价格为基准。

当然，在原油交易过程中，期货合约的报价不可避免地还会受到主观情绪、外界环境以及国际原油价格波动的影响。

二、原油市场套期保值的参与者

原油市场套期保值的主要参与者如图 3–27 所示。

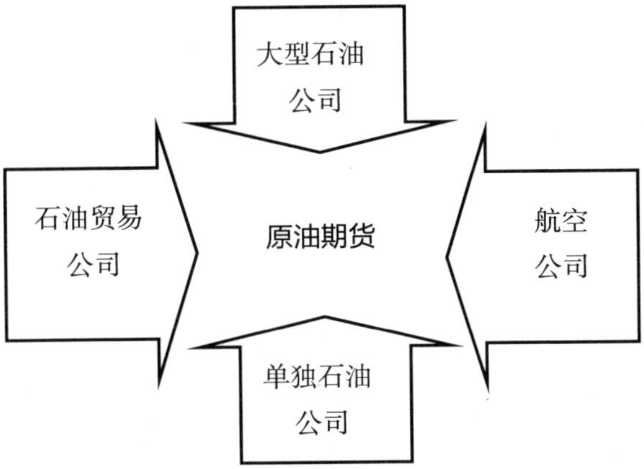

图 3–27　原油期货的参与者

第一类：大型石油公司

这些大型一体化石油公司的业务涵盖了从原油勘探、开采到炼化的整个产业链。这些公司为了从原油市场获取最大的利益，都会利用衍生品工具来对冲油价波动的风险。相对于其他原油产业链上的参与者，这些大型石油公司掌握的信息更全面，因而优势更加明显。比较典型的石油公司包括埃克森美孚、英国石油（British Petroleum，简称 BP）、壳牌等。

第二类：独立的石油公司

这是石油产业链中参与套期保值最积极的一方。这些石油公司要么在产业链上游，要么在产业链下游，因而原油价格的波动对这类企业的利润影响非常大，为了稳定经营，这些企业都会积极参与原油的套期保值业务。比较典型的类似于一些原油炼化企业。

第三类：石油贸易公司

石油贸易公司涵盖了原油产业链内部的中间商、炼油厂，以及各类贸易商等。石油贸易公司在整个原油交易过程中，起到了一定的交易润滑、活跃市场的作用，已经成为整个原油交易市场中不可或缺的组成部分。由于石油贸易公司缺乏原油产业链上游或下游的企业支持，因而为了确保自己的利润，在原油期货市场的表现非常活跃。

第四类：航空公司

长期以来，航空公司一直是航空煤油消耗的大户。同时，航油成本在航空公司整个成本体系中也占据了较大的份额。航空公司为了防止原油价格上升过快，增加自身的成本支出，不得不进行原油的套期保值业务。航空公司通过原油套期保值，可以锁定自己的航油成本，有利于自身经营的稳定。

三、套期保值基本操作技法

与其他商品相似，原油套期保值需要遵守数量相同、月份相近、方向相反原则。原油期货套期保值分为多头套期保值和空头套期保值两类。

1. 多头套期保值

原油多头进行套期保值，都是出于防止原油价格大幅上升而侵蚀自身利润的目的进行的。比如，2022 年 1 月，某石化企业想要在 5 月份购入 30 万桶中质含硫原油。此时，原油价格为每桶 500 元（到岸价）。那么，该企业为了防止 5 月份原油价格大幅上扬，就可以在 1 月份做多买入 30 万桶 5 月份的原油期货合约（价格为每桶 510 元）。

比如，到了 5 月份，原油现货价格上涨至 600 元每桶，而 5 月份原油期货合约的价格也上涨至 605 元左右。该石化企业可以将手中的期货合约平仓，现货市场每桶多花的 100 元，在期货市场补回了 95 元（不含手续费、佣金），也是不错的交易。

2. 空头套期保值

空头进行套期保值主要是担心卖出原油时价格下跌或手中的原油库存出现贬值的情况。

比如，2022 年 1 月，某石油贸易公司以 500 元的价格入手了 10 万桶原油，并且要在 5 月份卖给一家石油化工厂。此时，原油价格为每桶 500 元（到岸价）。那么，该企业为了防止 5 月份原油价格大幅下跌，就可以在 1 月份做空卖出 10 万桶 5 月份的原油期货合约（价格为每桶 510 元）。

到了 5 月份，如果原油现货价格下跌至 400 元每桶，而 5 月份原油期货合约的价格也下跌至 405 元左右。该石化企业可以将手中的期货合约平仓，现货市场每桶少赚的 100 元，在期货市场补回了 105 元（不含手续费、佣金），也是不错的交易。

第五节　原油期货实战操作技术

期货市场是一个可以实现暴利的市场，但实现暴利的前提是能够遇到且准确捕捉到大行情。

一、经济循环周期与原油期货操作技巧

从大的方向上来看，原油价格的波动肯定会受到大的经济周期、全球经济形势的影响。当全球经济环境向好时，全球对原油的需求也会受到提振，从而引发原油价格上涨。

从当前的经济形势来看，自 2013 年到 2018 年全球经济经历了一波复苏行情后，自 2018 年第二季度开始，全球经济再度出现增长乏力现象，这种情况在 2020 年新冠疫情的打击下出现了加速态势。但物极必反，当全球经济跌入谷底时，短期内随着一些国家疫情防控策略的调整，新冠疫苗的

推出，经济出现了一定的复苏迹象，原油价格也随之出现了反弹。如图 3-28 所示。

图 3-28　原油加权价格走势周 K 线图

如图 3-28 所示，原油价格在 2018 年 10 月 12 日触及阶段高点后出现了回落态势。其后，原油价格持续走低。期间 OPEC 组织也曾连续出台过石油减产的政策，但影响都比较短暂。

进入 2020 年后，受新冠疫情的影响，各国经济触底。进入 2020 年年底时段，随着新冠疫苗的普及，各国为了提振经济，开始放松疫情管控，各个国家的经济开始反弹。原油价格也自 2020 年 11 月中旬开始触底反弹。

从某种意义上来说，全球各主要经济体的经济运行态势，仍是支撑原油价格波动的根本性因素。投资者在操作原油期货时，不能偏离这一基本面而过分关注一些影响油价走势的短暂性因素。

二、OPEC 限产与原油期货操作技巧

OPEC 组织是全球最大的原油供应国集团，该组织做出的原油增加或减产协议，往往对国际原油价格产生较大的影响。当然，这种影响一般持续时

间并不会特别长，通常要弱于经济周期对原油价格的影响。

比如，2018 年 12 月，OPEC 组织鉴于全球经济下行压力较大，对原油的需求不足，达成了新一轮原油减产协议。该协议自 2019 年 1 月开始执行。由于该项减产协议要比市场预估的减产额度要高，直接促成了原油价格走高。如图 3–29 所示。

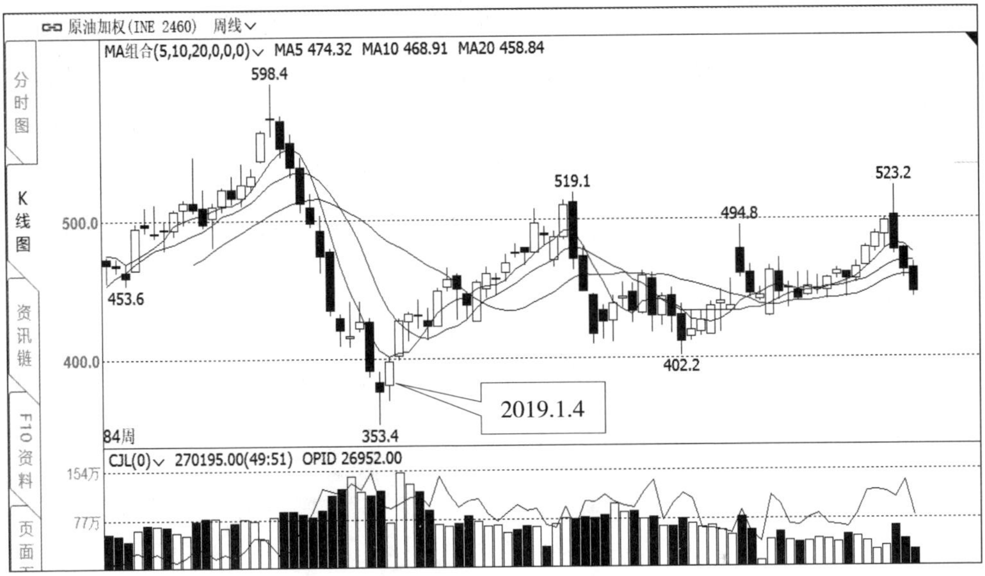

图 3–29　原油加权价格走势周 K 线图

如图 3–29 所示，原油价格在 2018 年年底触及阶段低点后，于 2019 年 1 月 4 日开始，在 OPEC 减产政策的刺激下出现了振荡走高态势。由此可见，OPEC 的减产协议对原油价格的提振作用还是很大的。

不过，这里有一个因素需要投资者关注。OPEC 减产协议并不是突然出现的，而是在之前就有的，市场对于 OPEC 减产也是有一定预期的。但由于减产协议超出了市场预期，这就使得原油市场的反应也必然会更加强烈。事实上，如果不是超预期减产，市场的反应肯定不会这么大，毕竟原油市场对 OPEC 减产都是有了一定预期的。这也是我们炒作原油期货时需要重点关注的一个方面，即新的消息是否属于超预期的。一旦超过预期，市场必然会有所反应。

三、突发事件与原油期货操作技巧

除了常规性供给与需求等因素变动引发国际油价波动外，一些突发性的黑天鹅事件也可能对油价产生较大的影响。不过，这类事件一般只能在一个或几个交易日内发挥作用，很难对油价长期走势产生影响。

比如，2019 年 9 月 14 日，沙特阿拉伯内政部发表声明表示，当日凌晨，沙特国家石油公司（阿美石油公司）两处重要石油设施遭数架无人机袭击并引发火灾。这次“黑天鹅事件”被称为石油世界的“9 11”事件。一时间，原油市场波涛涌动。由于袭击当日为周六。此后的 9 月 16 日，市场开市后，各大原油期货交易所的原油期货合约价格全线上升，布伦特原油更是一度狂飙涨幅达到 19%。国内原油期货合约也是以涨停价开盘，随后出现了回落，但全天涨幅也达到了 7.65%。如图 3–30 所示。

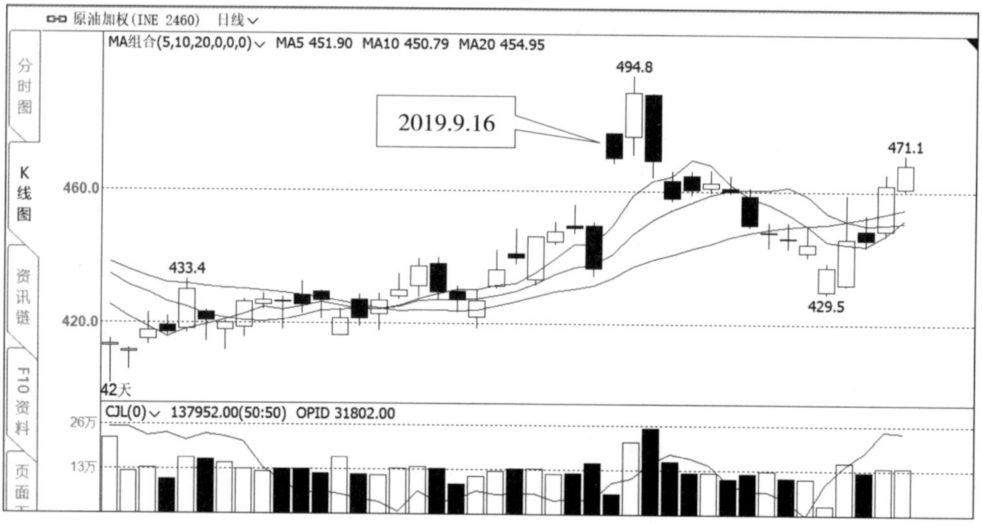

图 3–30　原油加权日 K 线走势图

如图 3–30 所示，原油价格在 2019 年 9 月 16 日之前处于横向小幅上升走势中，整个市场波澜不惊。2019 年 9 月 16 日，在沙特阿美受到袭击事件的影响下，原油期货合约直接以涨停价格开盘，此后虽经历了回调，但收市时涨幅仍在 7.65%。

不过，这轮上涨只持续了两个交易日就宣告终结了。

第四章

燃料油期货基本分析策略

燃料油也称重油，是原油经过蒸馏、热裂化提取柴油、汽油、航空煤油后所得的渣油制得的。由于船用燃料油消费量在整个燃料油市场占比最高，且增长最快，因此，目前我国期货市场上市的两种燃料油合约均为船用燃料油。其一，为2018年7月16日在上海期货交易所上市的RMG380船用燃料油;其二，为2020年6月22日在上海国际能源交易中心上市的低硫燃料油合约。

在分析燃料油期货走势时，一般可以按照图4-1所示项目进行分析。

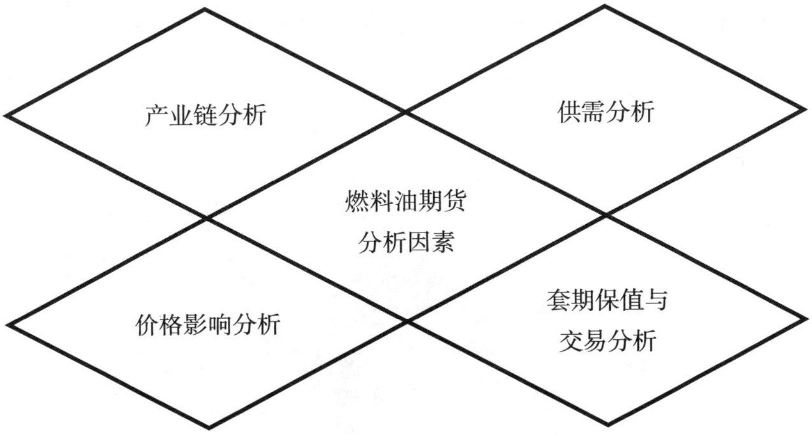

图4-1　燃料油期货的分析因素

第一节　燃料油产业链及市场

燃料油即重油，从名字中也可以看出其某些特性。重油中的可燃成分较多，含碳 86% ～ 89%，含氢 10% ～ 12%，其余成分氮、氧、硫等很少。重油的发热量很高，一般为 40000 ～ 42000 kJ/kg。因其燃烧温度高，火焰辐射能力强，也是钢铁生产的优质燃料，这也是炉用燃料油的主要用途。

船用燃料油根据 50℃时运动粘度的差异，通常分为 180CST（Centistokes，厘斯，运动粘度单位）、380CST、500CST 等，主要用在国际运输船舶，以及在沿海、沿江运输的较大船型上，发动机马力大的要求粘度高，最高可达到 700CST。一般来说，粘度越高的燃油，价格也会越便宜。当然，若粘度超过一定限度，价格下降的幅度也就不会太大了。

一、燃料油特性

能够最终成为燃料油的重油，除了发热量要高外，还需具备这样几个特点，如图 4-2 所示。

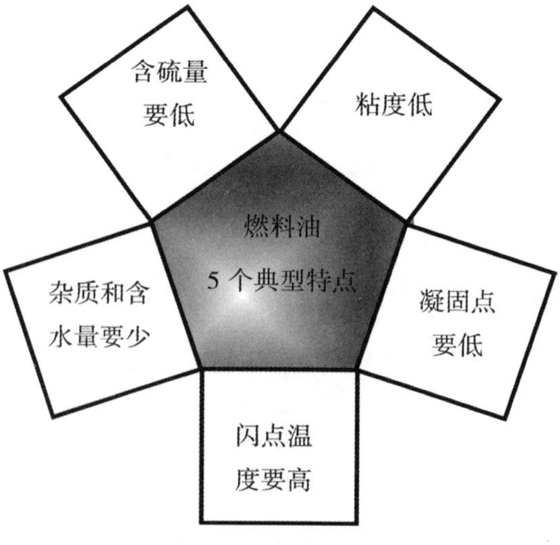

图 4-2　燃料油的五个典型特点

1. 粘度低

对该特性的要求是为了便于管道运输。一般来说，重油中石蜡含量较高，粘度较大，使用时需要预热至 100℃或以上，才能降低粘度。

2. 凝固点要低

一般重油的凝固点在 22℃～36℃。对该特性的要求与粘度低的情况类似，也是因为凝固点过低不利于运输，而且只有通过预热才能运输。

3. 闪点温度要高

闪点温度高，也是比较有利于运输和仓储。一般重油的闪点温度在 180℃～330℃，这一温度要高于预热温度。若闪点温度过低，预热时就会容易造成火灾。

4. 杂质和含水量要低

杂质与含水量会影响重油的发热量，而且在燃烧过程中还容易出现异常情况。因此，作为燃料油的重油肯定是需要过滤的，能将水和油很好地融合在一起才行。

5. 含硫量要低

一般重油的含硫量为 0.125～0.3%。若含硫量过高，使用中容易出现一些故障和问题。

二、燃料油产业链

燃料油整个产业链同样由三部分组成，即上游、中游和下游。如图 4–3 所示。

1. 燃料油上游产业

燃料油上游产业链（部分）如图 4–4 所示。

从图 4–4 所示的燃料油产业链中可以看出，燃料油最上游的原料还是原油。燃料油包括常压重油、减压重油、催化重油。其实，还有一种燃料油是混合重油，一般是由减压重油和催化重油混合而成的。

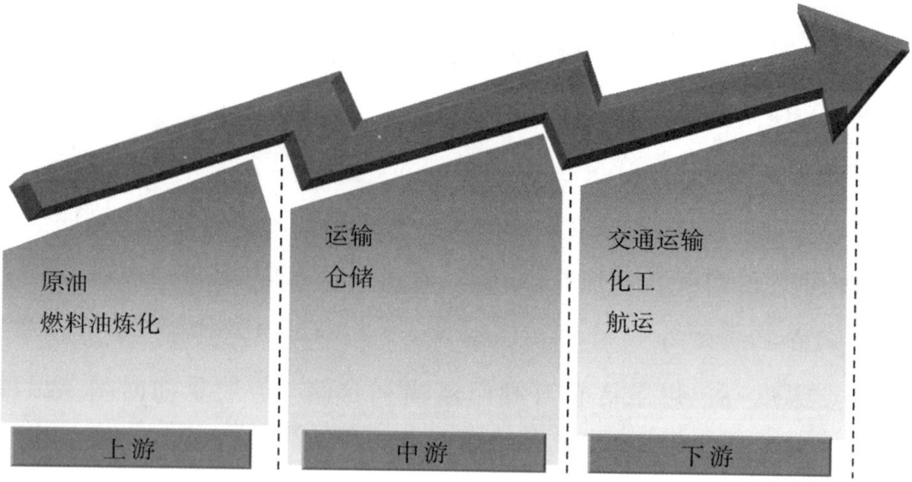

图 4-3　燃料油整个产业链

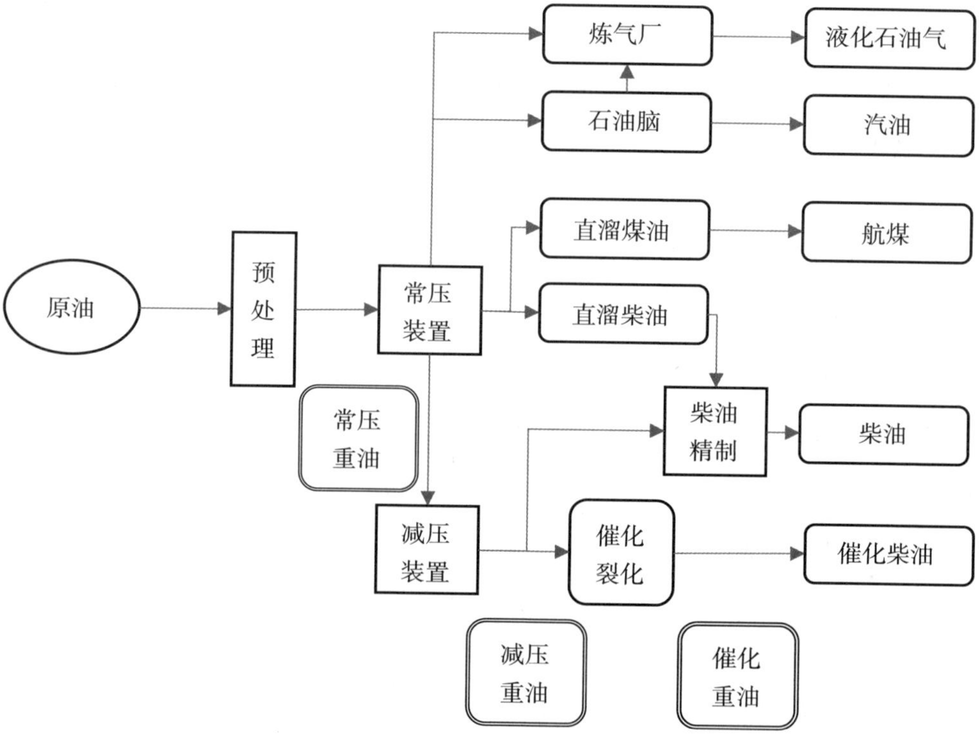

图 4-4　燃料油产业链上游示意图

2. 燃料油中游

相对而言，燃料油的运输与仓储与其全球供应与需求状况密切相关。从整体上来看，目前，欧洲地区、俄罗斯地区、美洲地区以及中东地区的燃料油供应过剩，而亚太地区燃料油缺口较大。因而，整个燃料油的物流方向都是从供给过剩地区出口至新加坡地区以及亚洲地区。这就使得新加坡成了全球最大燃料油交易市场。

3. 燃料油下游

燃料油下游产业包括如图 4-5 所示的几个方向。

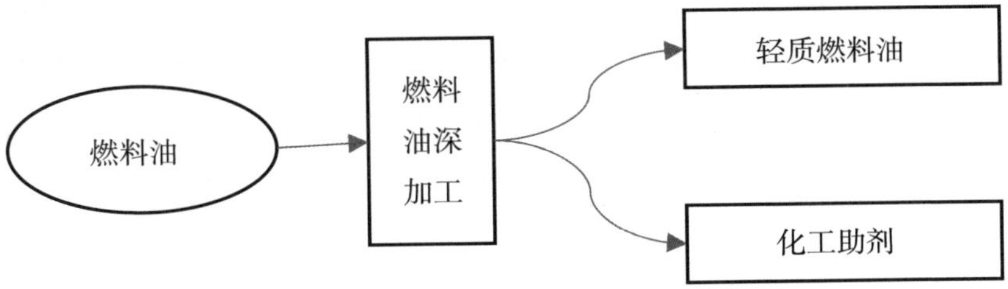

图 4-5　燃料油的下游

如图 4-5 所示，燃料油经过深加工，可以广泛地应用于工业、电力、交通运输、炼化、建筑、机械、汽车等领域。比如，化工助剂可以作为润滑油助剂、橡胶助剂、沥青助剂等。经过深加工后的燃料油可用于交通系统。

三、燃料油市场

目前，全球燃料油交易市场交易形成了三个较大的中心，北美、欧洲和亚洲。其中，北美的交易中心在休斯顿，欧洲市场的交易中心在伦敦，亚洲的交易中心在新加坡。由于亚太地区的经济形势持续向好，其对燃料油的需求也逐渐提升，新加坡作为亚太地区最大的燃料油中转、仓储基地的作用更加凸显。新加坡的燃料油价格走势是整个亚太地区燃料油价格的风向标，国内燃料油期货价格走势在很大程度上也受新加坡市场的影响。因此，研究燃料油市场，就需要重点关注新加坡燃料油市场的情况。

1. 新加坡燃料油市场

地处太平洋和印度洋的航运要道，为马六甲海峡的咽喉要地，新加坡利用20世纪80年代西方国家调整能源结构的机会，大力发展能源产业，并将燃料油产业作为重点优先发展产业。目前，新加坡的燃料油仓储能力超过160万立方米，市场规模每年超过5000万吨。要知道我国作为燃料油消费大国，2019年的燃料油消费量也仅为2400万吨左右，从这点上可以看出新加坡燃料油市场规模之大。

新加坡燃料油现货交易价格是以普氏公开市场报价为基准的。普氏(PLATTS)公开市场是指在普氏公开报价系统上进行公开现货交易的市场，该市场的主要目的不是为了进行燃料油实货的交割，主要是为了形成当天的市场价格，起到发现价格的作用。而且还有一点需要注意，普氏公开市场公布的燃料油价格并非当日装船的现货价格，而是15天后的交货价格。

2. 新加坡的纸货市场

新加坡的纸货市场十分发达，且这是一个与期货市场相似的市场，只是要比期货市场更加灵活。新加坡的纸货市场交易的品种包括石油脑、汽油、柴油、航空煤油以及燃料油等。

这里顺便说一下新加坡的纸货市场。期货市场属于典型的场内交易，而纸货市场则是场外交易，这样就不会像期货市场那样对会员存在诸多限制措施。当然，纸货市场能够得以有序运行，也是因为其有一定的标准，便于操作。目前，新加坡纸货市场的交易额大致可以达到现货市场的3倍以上，且80%以上属于投机性交易。

由于燃料油的上游为原油，因此，燃料油的价格势必会受到原油价格的影响。也就是说，新加坡燃料油的报价也是以原油价格加上一定的价差等因素形成的。这里的原油价格参照的是布伦特原油期货价格。

第二节　燃料油基本供需分析

作为一种商品，燃料油价格的波动还是与供给和需求直接相关的。

一、燃料油供给

燃料油的原料主要是原油，因而燃料油的供给与原油产量及各大主要原油消费国的生产量有关。

燃料油属于原油加工过程中的一个副产品，因而无论原油生产国还是原油消费国，都有可能成为燃料油的生产大国。也就是说，只要有石油化工行业，理论上就可以生产燃料油。由于燃料油的用途非常广泛，在 20 世纪 80 年代以前，美国、欧洲以及日本都是非常大的燃料油主要生产地区，且燃料油的消费量极高。但随着石油危机的到来，这些燃料油生产和消费大国都受到了较大的损失。也正因如此，美欧以及日本等国都加速对本国的能源结构进行了调整，降低了燃料油的消费比重。

目前，全球燃料油主产区包括以下几个较大区域。

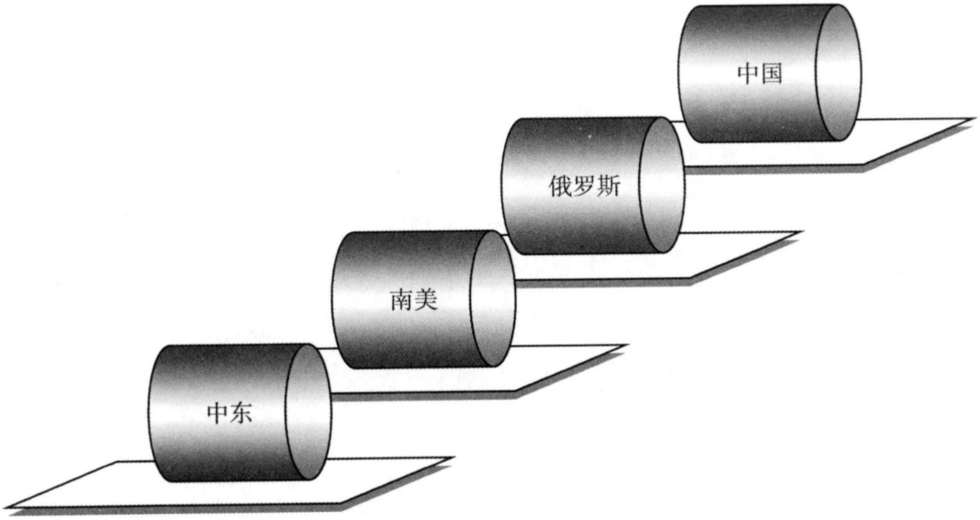

图 4-6　全球燃料油主产区

全球燃料油从大的类别上来看，主要分为低硫燃料油和高硫燃料油。中东的沙特阿拉伯等国生产的燃料油以高硫燃料油为主，而中国、巴西为目前最大的低硫燃料油生产国。欧洲国家生产的燃料油也以低硫燃料油为主。不过，在能源结构调整之后，西欧各国的低硫燃料油基本维持在自产自销的水平，无法大规模向外部供应（除部分北欧产油国外）。

目前，全球燃料油总产量在 5 亿吨左右，其中，3 ～ 4 亿吨可以在市场上公开进行贸易。

二、燃料油需求

事实上，燃料油的需求端变化对其价格波动的影响更大。从燃料油整体需求来看，2020 年受新冠疫情的影响，燃料油市场需求呈现了持续下降态势，需求量下滑非常明显。进入 2022 年，受俄乌战争的影响，国际原油市场价格大幅向上波动，燃料油的价格也水涨船高。在整个燃料油需求中，船用燃料油的占比最高，每年需求量达到了 3 亿吨以上。

随着经济与海运事业的发展，全球燃料油呈现出以下五个典型趋势，如图 4–7 所示。

第一，各大地区需求不均衡。目前，从整个燃料油供需情况来看，欧洲

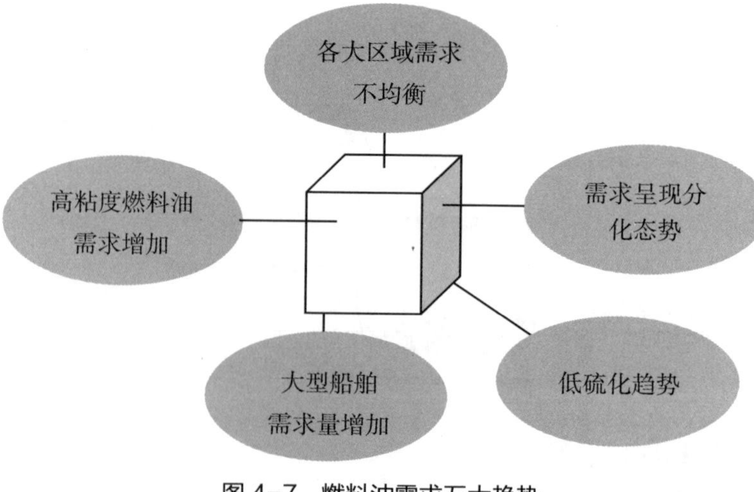

图 4–7　燃料油需求五大趋势

地区、俄罗斯、美洲地区以及中东地区的燃料油供大于需，为主要的燃料油出口地区。亚太地区则有较大的需求缺口，为最大的燃料油进口目的地。

第二，需求呈现分化态势。随着环保标准趋于严格，高硫燃料油的消费量开始呈现下滑态势，而低硫燃料油未来还有很大的上升空间。

第三，低硫化趋势。2016 年 10 月 26 日，在伦敦召开的海上环境保护委员会第 70 届会议（MEPC70），通过了 2020 年 1 月 1 日开始在全球海域实行船舶燃油硫含量不超过 0.5% 的决议。这就意味着船用燃料油将进入低硫时代，这也是国内期货市场在 2018 年上市船用燃料油合约后，2020 年再度上市低硫船用燃料油期货的原因。

第四，大型船舶与新型燃料油需求提升明显。一般来说，10 万吨以下老式发动机船舶多使用 180 船用燃料油，而新型发动机、大型船舶多使用 380 船用燃料油、500 船用燃料油，其中以 380 船用燃料油为主。这些使用新型发动机的大型船舶往往单次加油量都非常多，有些远洋轮船单次加油量可到 1000 ～ 6000 吨 / 船。未来，各大航运公司还将加快老旧船舶的淘汰力度，使用新型发动机的船舶将会越来越多。

第五，高粘度燃料油的应用增加。由于最近几年国际原油价格持续上行，使得燃料油的价格也随之走高。燃油费用是船运企业成本中最大的一块，有的企业甚至占到 50% 以上。各大船运企业为了降低成本，开始使用粘度较高的燃料油，比如在内河航行多用 180 燃料油，而海运则用 380 船用燃料油、500 船用燃料油，甚至 700 船用燃料油。

不过，380 船用燃料油仍是未来非常重要的船用燃料油品种。正因如此，低硫的 380 船用燃料油会成为期货市场交易合约的基准油。

三、国内燃料油供需分析

燃料油是我国石油化工产品中市场化程度非常高的一个品种。早在 2001 年，我国就放开了对燃料油的价格管控，使得国内燃料油的价格与国际价格实现了接轨，国际化程度已经很高了，这也是推出燃料油期货的基础。

1. 国内燃料油市场

目前，我国燃料油消费市场主要为船用燃料油市场。随着最近几年船运事业的发展，对燃料油的需求也逐渐增加。具体来说，船用燃料油市场又涵盖了两大部分，如图 4-8 所示。

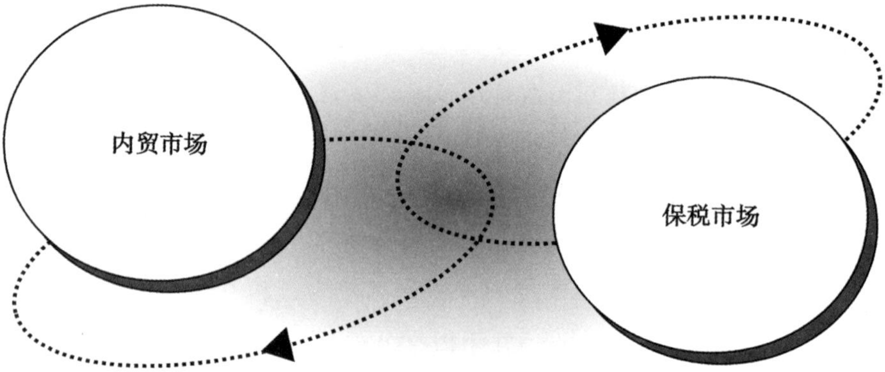

图 4-8　国内燃料油市场

（1）内贸市场

内贸市场上的燃料油供给方为国内的炼油厂和调油商。内贸船用燃料油消费量占整个船用燃料油消费量的 38% 左右。

（2）保税市场

保税市场的燃料油供给则主要依靠进口。特别是我国的出口退税政策，也在改变了整个保税燃料市场的供应格局。保税船用燃料油消费量占整个船用燃料油消费量的 62% 左右。

2. 国内燃料油市场供给

国内燃料油市场供应量与国内燃料油产量、进出口情况密切相关。

（1）国内燃料油产量。

国内燃料油最近几年的产量如图 4-9 所示。

从图 4-9 中可以看出，最近几年来，国内燃料油的产量整体上呈现了振荡上升态势，特别是 2020 年突破了 3000 万吨水平。

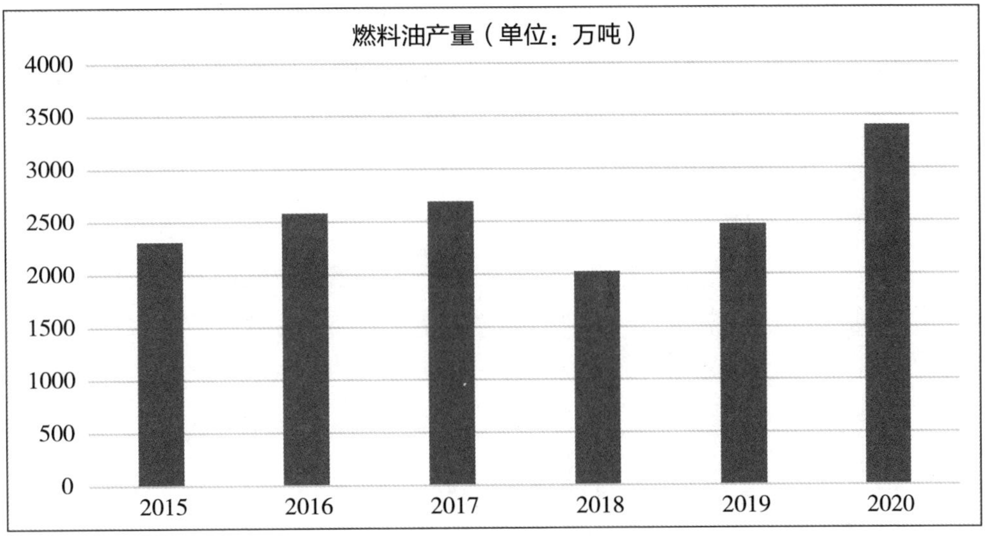

图 4-9　最近几年燃料油产量

（2）燃料油进出口。

燃料油的供给情况与其进出口情况密切相关。若出口过多，国内的供应量势必会减少；反之，则会增加国内市场的供应量。

最近几年燃料油进出口情况如图 4-10 所示。

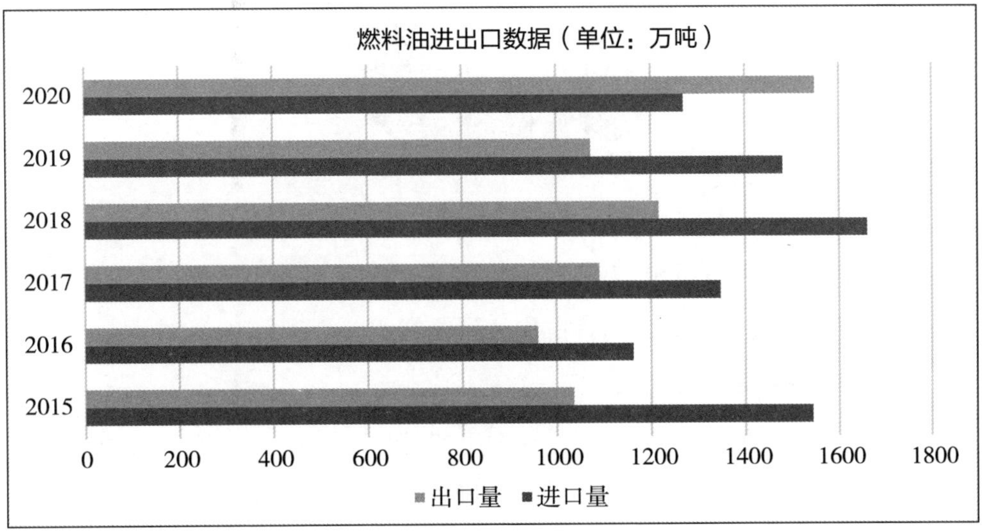

图 4-10　最近几年燃料油进出口量

从最近几年燃料油的进出口数据可以发现，我国燃料油进口量最近几年出现了下滑，而出口量则出现了增长，这也反映出我国燃料油市场对国外的依赖程度有所降低。同时，随着燃料油低硫化趋势的加强，国内保税低硫燃料油的产量也处于持续增加态势。2021 年，保税低硫燃料油产量达到了 1108.4 万吨。

不过，作为全球最大的燃料油消费市场，在燃料油市场上，我国没有任何的定价话语权，且没有较大的国际性贸易中心，这与燃料油大国地位明显不符。

（3）燃料油进口来源国

截至2021年年底，我国燃料油进口来源国包括如下几个，如图4-11所示。

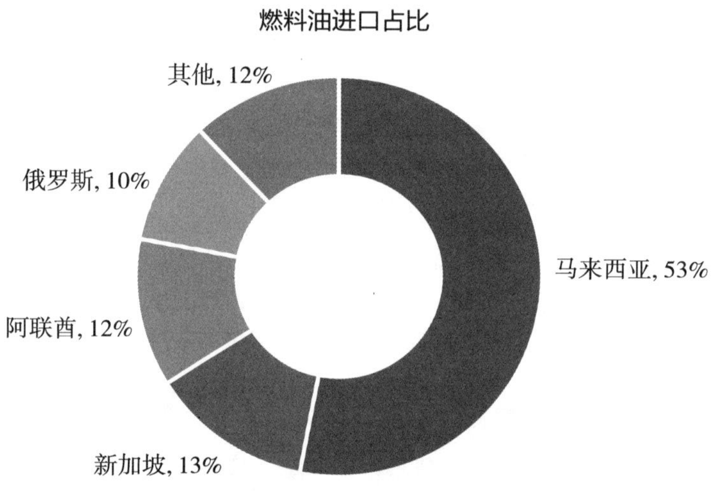

图 4-11　我国燃料油的进口占比情况

从图4-11 中可以看出，我国燃料油的进口来源主要为马来西亚、新加坡、阿联酋和俄罗斯四国，以上四者占比达到了 88%。

3. 国内燃料油市场需求

在 2015 年以前，燃料油的主要应用范围涵盖了交通运输、石油化工、建材、热力与电力生产等诸多领域。但随着环保监管政策的逐渐增压，其他领域使用燃料油的比重逐渐降低，交通运输领域主要是船运领域的应用逐渐增加。

最近几年，国内燃料油的需求量如图 4–12 所示。

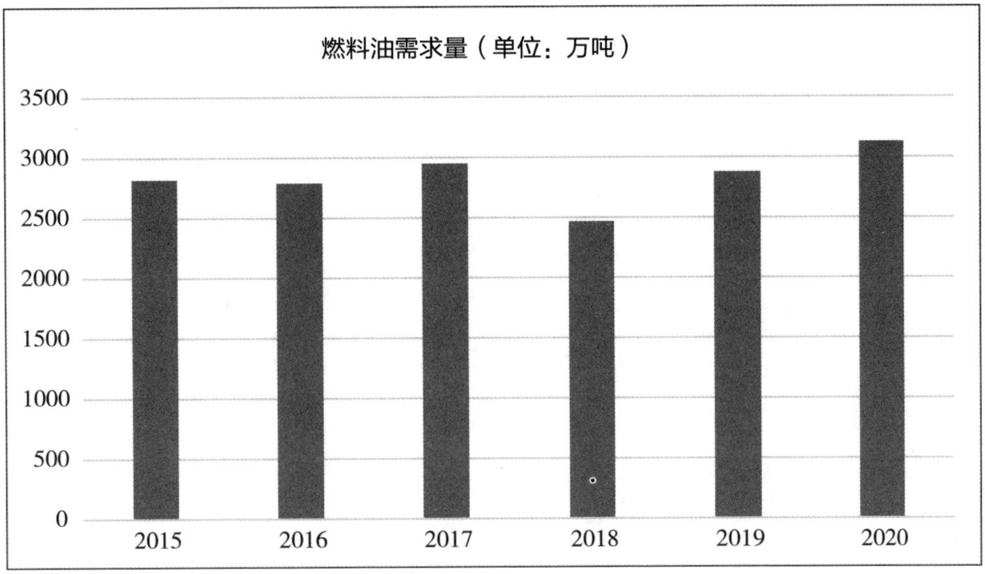

图 4–12　近几年燃料油需求情况

从图 4–12 中可以看出，最近几年国内燃料油的需求总体保持了比较稳定的状况，与产量相适应，也是在 2020 年突破 3000 万吨大关。

对比供应情况可知，国内的燃料油供应在 2020 年开始出现供应大于需求的局面，这与当年进出口量实现反转（即出口量超过进口量）相吻合。

从燃料油需求量与产量也可以看出，燃料油总量相对平衡。但我国燃料油的结构仍存在较大的不合理问题，即船用燃料油进口依存度较高，而其他类型燃料油产能存在过剩。这也是我国燃料油每年有大量进口，同时还有大量出口的原因。

当然，最近几年国内的低硫船用燃料油的产量也在逐渐攀升。未来，我国对国外的船用燃料油的依存度将会逐渐降低。

第三节　影响燃料油价格的因素

影响燃料油价格走势的因素与原油直接相关，但也会受到诸多方面因素的影响。概括起来说，影响燃料油价格的因素包括以下五个方面，如图 4-13 所示。

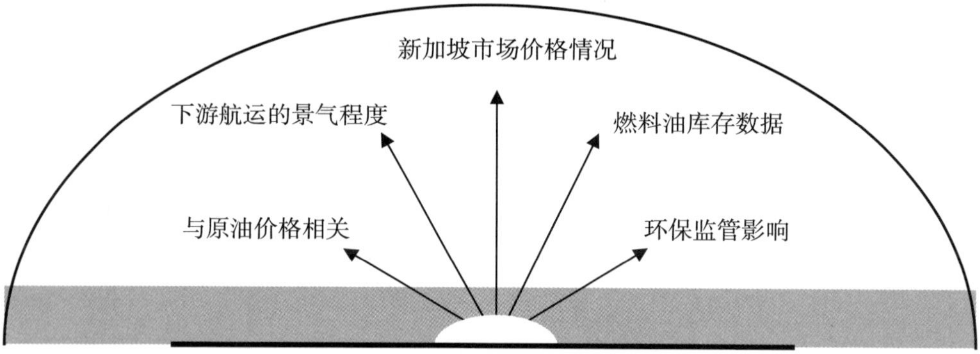

图 4-13　燃料油价格的影响因素

一、成本与原油的相关性

原油，是燃料油的主要原料，也是最重要的成本组成部分，因此燃料油的价格势必会受到原油价格的影响。从二者的相互关系来看，整个燃料油期货的价格走势与原油非常相近，如图 4-14 所示。

如图 4-14 所示为 2020 年 9 月到 2022 年 1 月燃料油与原油加权价格走势情况。从图中可以看出，两者的走势基本呈现同涨同跌的态势，这说明两者存在高度关联性。

换句话说，自从原油价格开始触底反弹后，最近几年燃料油价格也随之振荡走高。

二、下游航运景气程度

由于运输船为最主要的燃料油消费主体，特别是国内燃料油期货合约的

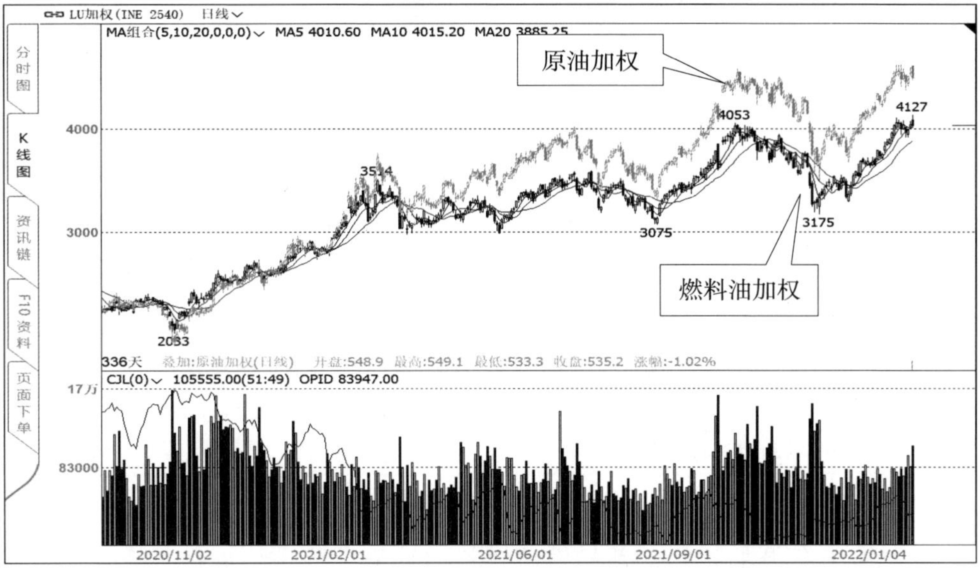

图 4-14　燃料油加权价格叠加原油加权 K 线走势图

交易标的就是船用燃料油，这就使得燃料油的价格波动与下游航运的景气程度密切相关。

一般来说，船运景气程度高，燃料油需求就会旺盛，燃料油价格也会随之走高；反之，则会走低。

同时，全球航运市场不可避免地会受到国际政治关系、区域经济发展以及国际贸易流向的影响。比如，在全球贸易景气度提升的情况下，航运市场的景气程度也会同步上升，燃料油价格走高的概率就会增大，反之亦然。

三、新加坡市场价格情况

新加坡作为全球最大的燃料油集散中心，其销售量、库存量以及市场报价情况，都会对全球的燃料油市场产生重要的影响。

因此，新加坡每日的燃料油报价，也会成为国内燃料油期货报价的风向标。

四、燃料油仓储数据

新加坡是全球最大的燃料油仓储集散中心，其仓储数据对于稳定全球燃料油市场有着重要的意义。同时，国内保税燃油的库存数据，也会对燃料油的价格走势产生一定的影响。

新加坡国际企业发展局（International Enterprise Singapore，简称 IES）每周会发布最新的新加坡燃油库存数据。比如 2021 年 7 月 1 日，IES 发布数据："截至 6 月 30 日的一周，新加坡燃料油库存增加 54.7 万桶，升至 2395 万桶的两周高位。"

一般来说，当需求强劲，燃料油库存进入较低区域时，其价格就会表现得非常坚挺；反之，则可能会呈现下行态势。

五、环保监管影响

随着全球气候变暖的影响，各国对船舶大气排放的政策都可能会收紧。特别是 2020 年开始执行的新的低硫燃料油政策，已经开始对燃料油市场产生一定的影响。燃料油低硫化，势必会增加燃料油的生产成本，并进而推动燃料油价格走高。

第四节　燃料油期货及交易要点

作为一种独立的期货品种，燃料油的价格走势尽管与原油关系非常密切，但也有其本身的特点和波动规律。

燃料油期货交易需要重点关注以下几方面。

第一，燃料油期货合约以及交割；

第二，燃料油期货套期保值参与者；

第三，燃料油期货的套期保值操作；

第四，燃料油与原油价格走势同步性；

第五，燃料油与低硫燃料油套利操作。

一、燃料油期货合约及交割要点

在设计燃料油期货合约时，主要考虑了这样几点，如图 4–15 所示。

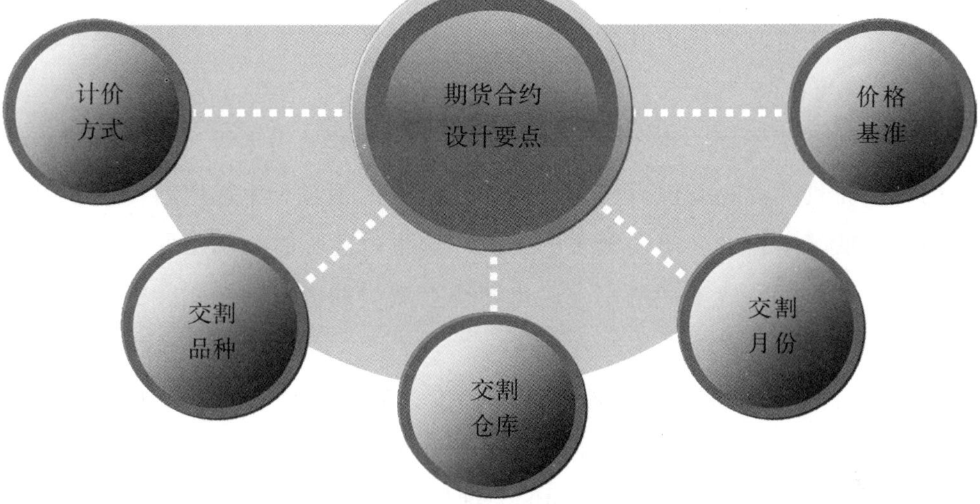

图 4-15　燃料油期货合约设计要点

第一，燃料油期货合约的计价方式。目前，新加坡燃料油期货合约均以美元作为结算货币。我国的燃料油期货合约与原油相似，也采用以人民币作为计价和结算货币，但也可以使用外币或特定期货品种的期货仓单作为保证金，这就平衡了国内和国际投资者的需求。通过建立以人民币为结算货币的期货交易体系，有助于提升人民币的国际化水平。

第二，燃料油交割品种。按照船用燃料油的含硫量，可以将燃料油分为三类：Ⅰ级含硫量不大于 3.5%；Ⅱ级含硫量不大于 0.5%；Ⅲ级含硫量不大于 0.1%。

目前，市场上交易的燃料油期货品种有两种，其交割品种有所不同。

1）上海期货交易所交割的标准为 380 船用燃料油（Ⅰ级、Ⅱ级）。上期所的燃料油合约最早曾经在 2004 年挂牌，标的物为工业 180 燃料油合约。后来，经过了 2009 年燃料油财税政策调整，2011 年，期货市场将工业 180 燃料油合约调整为 180 内贸船用燃料油合约。随着各国能源结构的调整以及环保监管趋严，2018 年，又将燃料油合约调整为 380 船用燃料油。由于该类燃料油主要由保税区从境外进口，因而通过将该类燃料油作为期货标的，有利于确立国内保税燃料油的定价机制。目前，380 船用燃料油合约已经位居全球能源期货成交量前几名的位置，由此而见，市场对该合约还是非常认可的。

在具体交割层面，由于该合约涉及的交割基准品为Ⅰ级、Ⅱ级船用燃料油均可，而且两者之间没有设置具体的升贴水。相对于Ⅰ级燃料油，Ⅱ级燃料油属于低硫燃料油，需要更多的工艺，这也就意味着在加工原油过程中，可能要花费更多的成本和费用，这也使得上期所的燃料油在实际交割中使用的燃料油以Ⅰ级燃料油为主。

2）上海国际能源交易中心交割的标准为低硫燃料油（Ⅱ级）。2016 年 10 月 26 日，在伦敦召开的海上环境保护委员会第 70 届会议，通过了 2020 年 1 月 1 日开始在全球海域实行船舶燃油硫含量不超过 0.5% 的决议。因此，低硫燃料油就代表了船用燃料油的未来。在这种情况下，上海国际能源中心在 2020 年又上市了低硫燃料油（Ⅱ级）期货品种。

尽管两个期货合约的交割标的都是船用燃料油，但实际上在交割品级上还是有侧重和不同的。

第三，在燃料油仓库的交割方面，由于我国船用燃料油实行保税交割，即以燃料油指定交割油库保税油罐内处于保税监管状态的燃料油作为交割标的物进行实物交割。该交割方式的设计与船用低硫燃料油的来源有直接关系。

第四，在交易合约的月份安排方面，为 1 ～ 12 月连续月份合约。

第五，期货合约价格的基准。我国保税燃料油合约的价格基准 70% 参照新加坡燃料油市场的价格，另外 30% 则与国内燃料油供求关系和到货集中程度有关。

当然，在燃料油交易过程中，期货合约的报价不可避免地还会受到主观情绪、外界环境以及国际原油价格波动的影响。

二、燃料油期货套期保值

燃料油期货套期保值参与者包括以下几类，如图 4–16 所示。

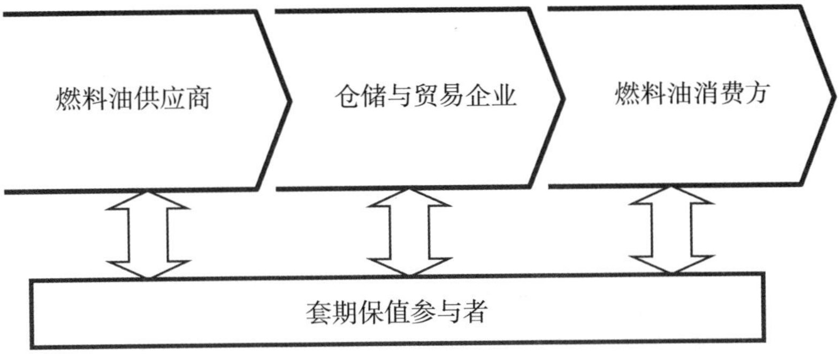

图 4-16　燃料油套期保值参与者

1. 供应商、生产商

燃料油的供应商、生产商是燃料油期货套期保值的重要参与者。这类企业需要防范燃料油价格大幅下行，给自己企业造成较大的亏损。

2. 仓储、物流企业

燃料油中游参与者包括仓储物流企业以及各类商贸企业。这类企业尽管不是燃料油的生产者或消费者，但手中却可能存有大量的燃料油库存。因此，确保这部分燃料油不贬值，就成为这类企业的首选目标。

3. 下游消费方

以船运企业为代表的消费方，是燃料油套期保值的最重要的参与者。由于燃料油是船运企业成本构成的最大一部分，因而防止燃料油价格大幅上升给企业造成经营困难，就成为这类企业进行套期保值的首选目标。

三、燃料油市场套期保值操作

燃料油的套期保值也需要遵守期货套期保值的基本规则，即数量相同、月份相近、方向相反原则。燃料油期货套期保值分为多头套期保值和空头套期保值两类。

1. 多头套期保值

燃料油多头进行套期保值，都是出于防止燃料油价格大幅上升而侵蚀自身利润的目的进行的。进行多头套期保值的参与方多为燃料油下游的消费方，以船运企业为主。比如，2022 年 1 月，某船运企业想要在 5 月份购入 30 万吨 380 船用低硫燃料油。此时，保税燃料油到岸价格为每吨 4000 元（到岸价）。那么，该企业为了防止 5 月份燃料油价格大幅上扬，就可以在 1 月份做多买入 30 万吨 5 月份的燃料油期货合约（价格为每吨 4100 元）。

到了 5 月份，如果燃料油现货价格上涨至 4500 元每吨，而 5 月份燃料油期货合约的价格也上涨至 4550 元左右。该船运企业可以将手中的期货合约平仓，现货市场每吨多花的 500 元，在期货市场补回了 450 元（不含手续费、佣金），也是不错的交易。

2. 空头套期保值

空头进行套期保值主要是担心卖出燃料油时价格下跌或手中的燃料油库存出现贬值的情况。燃料油空头套期保值的参与方包括燃料油产业链的上游和中游企业，如燃料油生产商等。

比如，2022 年 1 月，某燃料油生产企业计划在 5 月卖出 3000 吨 380 船用低硫燃料油。此时，燃料油价格为每吨 4000 元（到岸价）。那么，该企业为了防止 5 月份燃料油价格大幅下跌，就可以在 1 月份做空卖出 3000 吨 5 月份的燃料油期货合约（价格为每吨 4100 元）。

到了 5 月份，如果燃料油现货价格下跌至 3500 元每吨，而 5 月份燃料油期货合约的价格也下跌至 3550 元左右。该燃料油生产企业可以将手中的期货合约平仓，现货市场每吨少赚的 500 元，在期货市场补回了 550 元（不含手续费、佣金），也是不错的交易。

四、强势原油推动燃料油强势上升

原油是燃料油的核心原料，因此燃料油的价格走势，在某种程度上是与原油价格走势密切相关的。

从这点上来说，原油市场的一些风吹草动，也会对燃料油市场产生较大的影响。特别是原油出现大行情时，燃料油在大多数情况下也会随之出现一波较大的行情。

比如，2020 年 10 月底，因新冠疫苗问世，以及世界各国防疫政策松动，使得全球经济出现了一波强劲的复苏走势。随之而来的，是对原油的需求量出现大幅增加，原油价格也同步出现了触底反弹走势，如图 4–17 所示。

从图 4–17 中可以看出，原油价格在 2020 年 11 月 2 日触底后出现了反弹走势，并在日 K 线图上留下了一根带长下影线的 K 线。其后，该合约的价格连续上升。结合全球经济形势可以发现，原油价格走出一波上升趋势的概率很高。鉴于原油价格上行逻辑可以基本确立，那么燃料油的价格势必也会随之上扬。

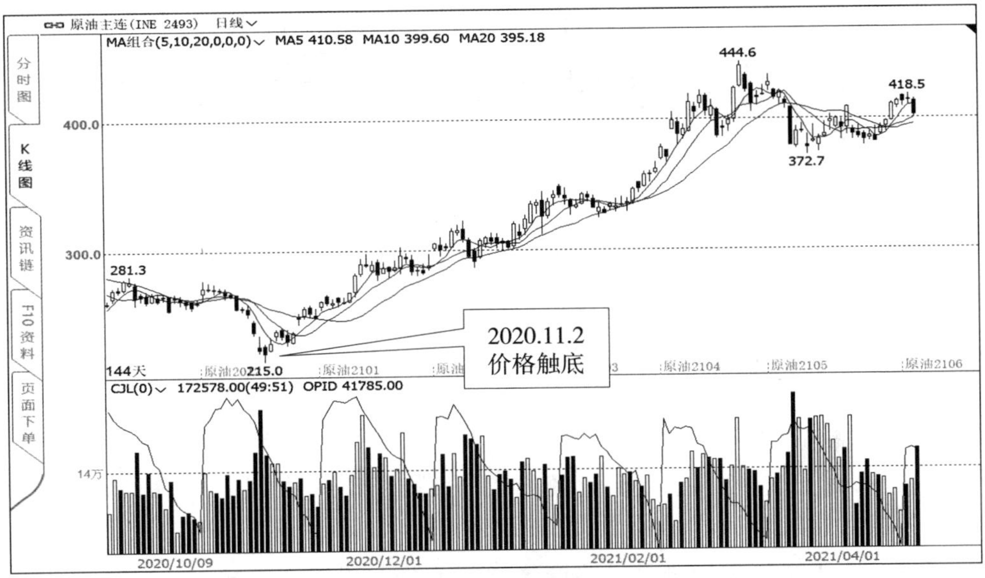

图 4–17　原油主连合约价格日 K 线走势图

投资者可以同时观察燃料油的价格走势，如图 4–18 所示。

从图 4–18 中可以看出，燃料油合约的价格几乎与原油同步在 2020 年 11 月 2 日触底反弹，并发动了一波上升走势。

从这里也可以看出，炒作燃料油期货的投资者，需要对原油的价格走势以及未来价格趋势有非常清晰地了解，毕竟两者在很多时候都会呈现同涨同跌的特性。

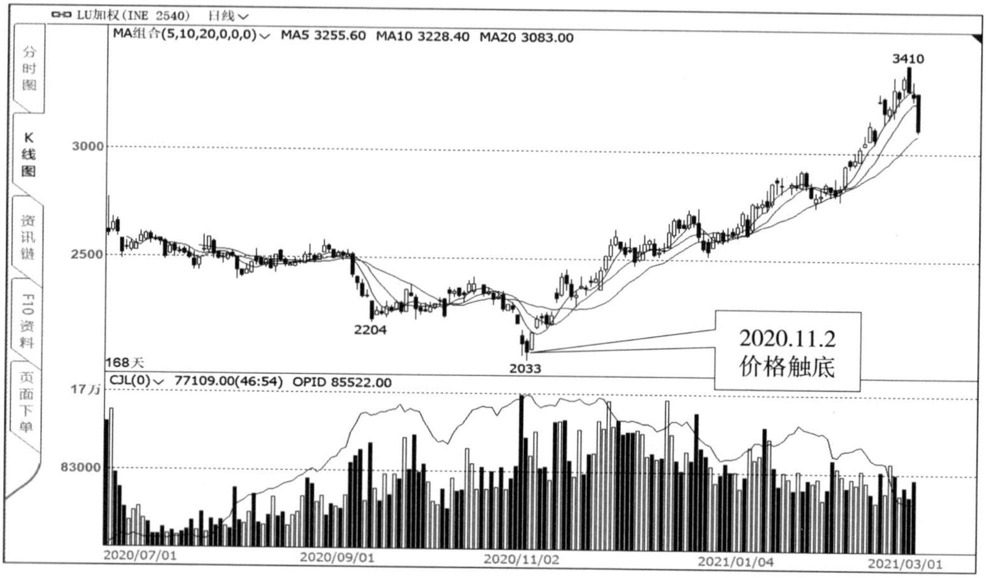

图 4-18 燃料油主连合约价格日 K 线走势图

五、燃料油与低硫燃料油区间套利操作

燃料油与低硫燃料油尽管含硫量有所不同，但毕竟同属燃料油品种，而且在有些情况下可以实现通用，因而两者的价格走势一直具有很强的联动性。

同时，由于两者的现货价格、期货价格相差不多，而且具有很高的相关性，且具备同涨同跌的特性，所以比较适合投资者进行区间套利操作。

套利操作的本质就是基于价差的投机。从理论上来说，两个商品价格之间应该保持相对稳定的价差，当两者之间的价差出现放大或缩小时，套利资金就会进入进行套利操作，从而推动价差回到合理的区间之内。燃料油和低硫燃料油之间本身就应该有一个相对稳定的价差，因此当这个价差发生改变时，也就产生了套利空间。

下面来看一下燃料油加权和低硫燃料油（交易代码 LU）加权的价格走势情况。如图 4-19 所示。

从图 4-19 中可以看出，自 2021 年 8 中旬开始，燃料油期货合约的价格与 LU 期货合约同样经历了一波先下跌再上涨的过程。两者的价差也同样经历了由小到大，再由大到小的往复变化过程。这种价差的变化，其实非常有利于投资者进行跨品种套利操作。特别是 2021 年 10 月中旬，两者之间的价差开始放大，这是一个绝佳的套利空间。投资者可执行“买入低硫燃料油（LU）、卖出燃料油”期货操作，其后当价差回归正常时，执行平仓即可。

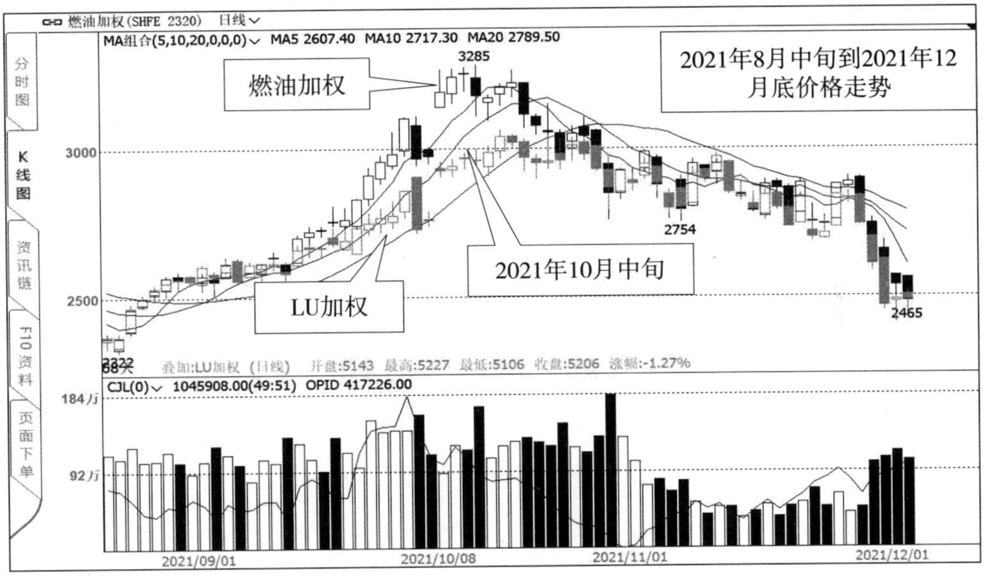

图 4-19　燃料油加权与低硫燃料油加权的日 K 线走势图

第五章

液化石油气期货基本分析策略

液化石油气的主要成分为丙烷和丁烷，英文缩写为 LPG，简称液化气。液化石油气的获得目前主要包括两种途径：一是伴生气，即开采石油或天然气时挥发出来的伴生气体；二是石油炼化过程中产生的副产品。目前我国的液化石油气基本都是石油炼化厂生产的。液化石油气在餐饮等诸多领域应用非常广泛，使用规模非常大，且不易被天然气等能源所替代。

第一节　液化石油气及产业链

液化石油气的主要组分是丙烷和丁烷，有少量的烯烃，在适当的压力下以液态储存在储罐容器中，常被用作炊事燃料，也就是我们经常使用的液化气。事实上，经由炼油厂得到的液化石油气成分要相对复杂一些，主要组成成分为丙烷、丙烯、丁烷、丁烯中的一种或者两种，而且其中还掺杂少量戊烷、戊烯和微量的硫化物杂质。不过，多数情况下，丙烷仍是液化石油气最重要的组成成分。也正因如此，很多人误将液化石油气直接当成了丙烷。

一、液化石油气用途

相比其他燃料，液化石油气具有热值高、无烟尘、无炭渣，操作使用方便等特点。当然，液化石油气也是一种具有危险性的气体，当空气中含量达到一定浓度时，遇明火即爆炸。

目前，液化石油气已经广泛地进入人们的生活领域，具体说来，包括但不限于以下几个大的领域。

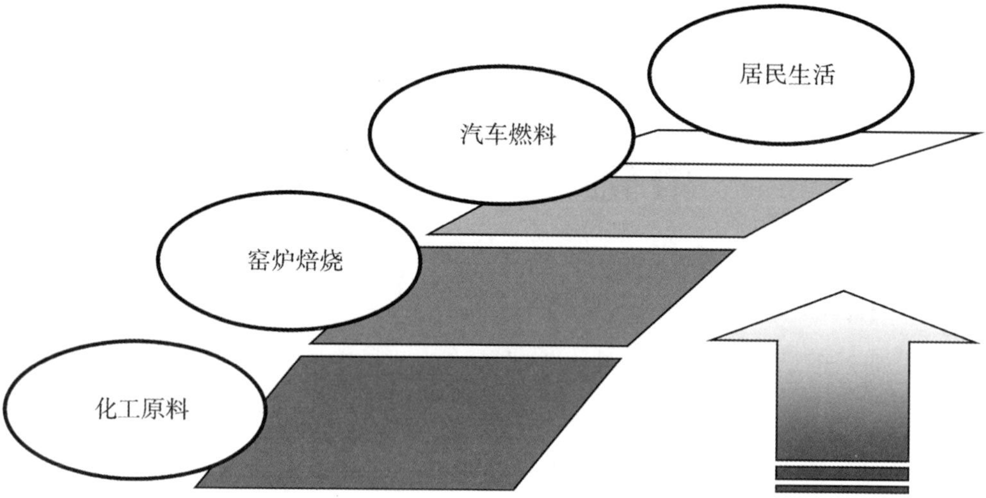

图 5-1　液化石油气应用领域

1. 化工原料

液化石油气经过分离得到乙烯、丙烯、丁烯、丁二烯等，用来生产合成塑料、合成橡胶、合成纤维及生产医药、炸药、染料等产品。

比如，在亚临界生物技术低温萃取技术中，可以替代传统的 6 号溶剂，利用亚临界生物低温萃取技术生产全新的油脂。因为液化石油气的主要成分丁烷中含有 4 个碳原子，所以也被称为 4 号溶剂。与传统的 6 号溶剂相比，它可以在不破坏油料中的活性物质和植物蛋白的情况下提取油脂，为贵重油料的萃取及植物蛋白的开发利用创造了条件。这就在很大程度上提升了这项油脂萃取技术的经济效益与社会效益。

2. 窑炉焙烧

液化石油气替代煤炭成为窑炉的主要燃料后，能够减少对空气的污染，大大提高了产品的烧制质量。

3. 汽车燃料

在全球大气变暖的影响下，世界各国强化了对大气污染的治理力度。以汽油为主的传统动力汽车正在被新型能源汽车所取代。而液化石油气是一种清洁、环保的燃料，通过用液化石油气替代汽油，可以大大减少二氧化碳的排放。

4. 居民生活

居民生活使用的液化石油气，是目前液化石油气最主要的消费领域之一。一般来说，液化石油气多是通过输气管道或独立的罐装设施供给居民个体使用的。

二、液化石油气产业链

国内液化石油气以炼化厂供应为主，因而我们在分析液化石油气产业链时，也以该类供应作为研究对象。相对而言，对于石油炼化企业来说，生产液化石油气并不需要过于复杂的技术，因而进入门槛相对较低，产业内的竞争也比较激烈。整个液化石油气产业链如图 5-2 所示。

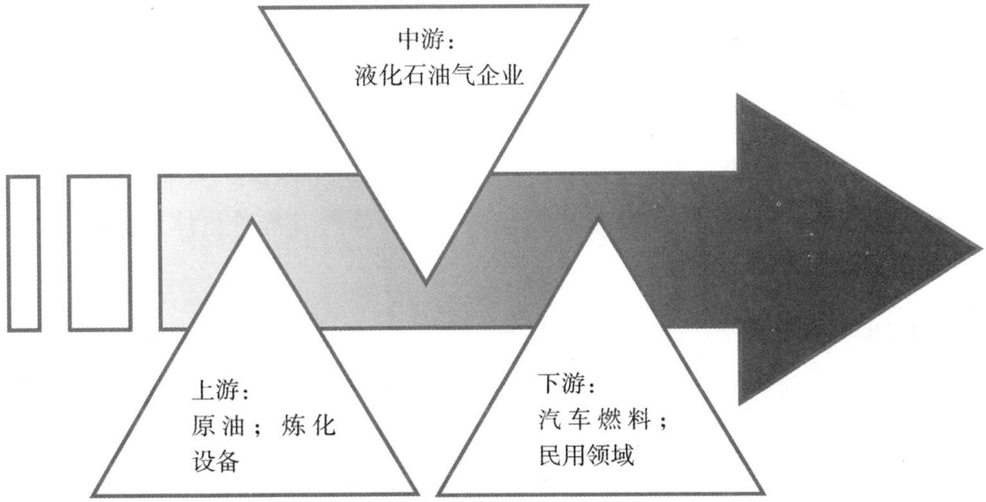

图 5-2　液化石油气产业链

1. 上游：原料与设备

从构成上来看，原油无疑是液化石油气最直接的原料。也就是说，原油的价格对液化石油气的成本影响比较大。但相比于燃料油，液化石油气受影响的程度还是要小一些。炼化设备则是一次性的投资，相对较为固定。

2. 中游：液化石油气企业

处于产业链中游的就是液化石油气直接生产企业。至于液化石油气的生产流程，可以参见前面燃料油的产业链介绍，其中有关于液化石油气的生产过程。这些企业一般会靠近原料产地或下游的消费地。如我国的华南、华东等地液化石油气消费量较大，这类企业也比较多。同时，这些地区的产能变动对整个液化石油气的价格有着重要的影响。

3. 下游：消费领域

液化石油气的下游关联着消费领域，比如汽车燃料、工业燃料、化工以及商业民用燃料领域。目前，商业民用领域的消费量仍是液化石油气的主要消费领域。正因如此，液化石油气的期货合约标的物也是适合商业民用的液化石油气。

三、液化石油气市场价格体系

从整个液化石油气产业链来看，北美、中东属于主力供应区域，而亚太地区则是最大的消费区域。与此相对应，北美、中东以及亚太地区也都形成了各自的价格基准体系。目前比较典型的液化石油气基准价格体系包括三类，如图 5-3 所示。

1. 北美价格体系

蒙特贝尔维尤（Mont Belvieu，简称 MB）地处美国德州南部，是美国石油石化及页岩气的产业聚集地，也是美国主要 LPG 产区，更是整个北美的 LPG 定价中心。美国液化石油气出口商都是以 MB 价格作为出口液化石油气基准价格的。随着美国出口 LPG 量的增加，MB 价格体系应用的比重也在不断地上升。

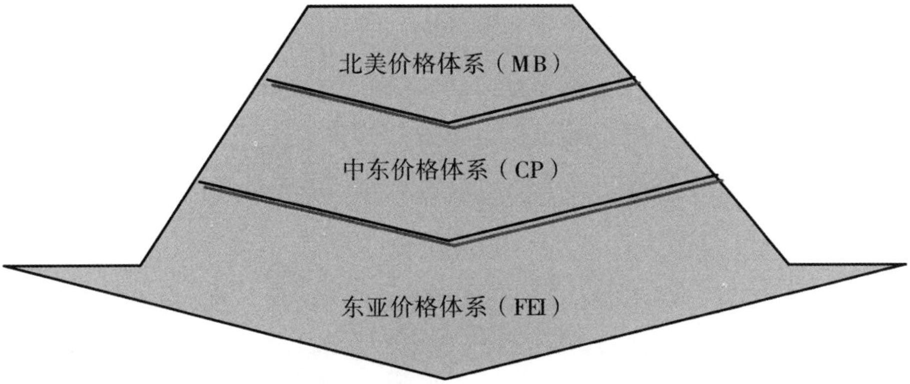

图 5-3　液化石油气基准价格体系

2. 中东价格体系

所谓的中东价格体系（Contract Price，CP），主要指的是沙特阿美石油公司制定的价格体系。该价格是沙特阿美石油公司根据上一个月的月初、月中和月底 3 次招标的中标价，并参考现货价格趋势制定的月度长协合同价格，通常月底对外正式公布下一个月的 CP 价，报价为 FOB 价，丙烷和丁烷分开进行报价。

3. 东亚价格体系

与 MB、CP 价格不同，东亚价格体系（Far East Indet，简称 FEI）价格是以到岸价为基准的价格体系。FEI 价格是由阿格斯（Argus）和普氏（Platts）共同发布的以亚洲远东地区为主的价格。不过，FEI 价格目前更多地是以日韩为基准的到岸价，没有考虑中国和印度两个最大的液化石油气消费国。

第二节　液化石油气基本供需分析

液化石油气作为原油系期货的一种，与之前提及的原油期货、燃料油期货又存在明显的不同。

一、液化石油气的全球供给

从大的方向上来看，液化石油气的全球供给形势与国内还是有所不同的，而国内液化石油气的价格会受到全球液化石油气价格走势的影响。

1. 供应类型

尽管国内液化石油气以炼气厂、炼化厂提供为主体，但从全球液化石油气的供应来看，却是另外一番局面。液化石油气供应量占比如图 5–4 所示。

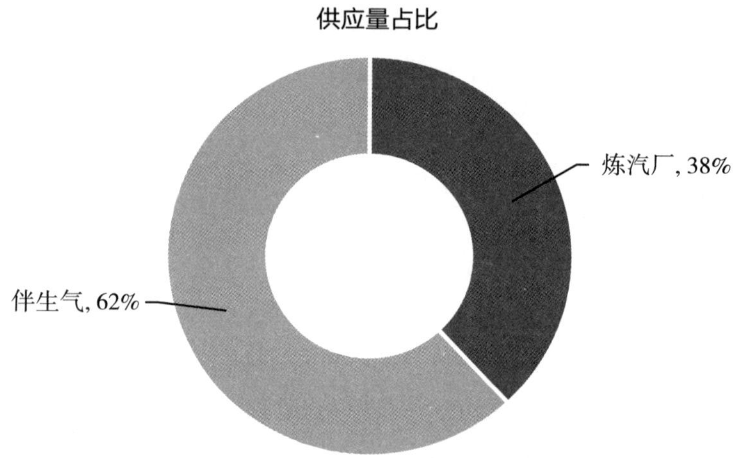

图 5–4　液化石油气供应量占比

从图 5–4 中可以看出，尽管国内液化石油气主要靠炼气厂供应，但国际上液化石油气的供应主力仍是伴生气。相对而言，伴生气生产的液化石油气含量以丙烷和丁烷为主，而炼气厂生产的液化石油气由于经过了裂化和催化等工艺，其成分含有一定量的丙烯、丁烯等不饱和烃。欧美各国使用的液化石油气即以伴生气为主。

2. 液化石油气产量

长期以来，液化石油气的产量出现了持续上升态势，2019 年达到了 3.18 亿吨。最近两年，受疫情的影响，液化石油气的供应量出现了下滑。

下面来看一下液化石油气最近几年的供应情况，如图 5–5 所示。

从图 5–5 中可以看出，在 2019 年以前，液化石油气的供应量呈现出稳定增长的态势。2020 年以后，受疫情的影响，液化石油气的供应出现了下滑。从图中也可以看出，疫情对整个国民经济各行各业的影响还是很大的。未来，随着疫情的影响逐渐消散，液化石油气的供应量有望重新进入上升通道。

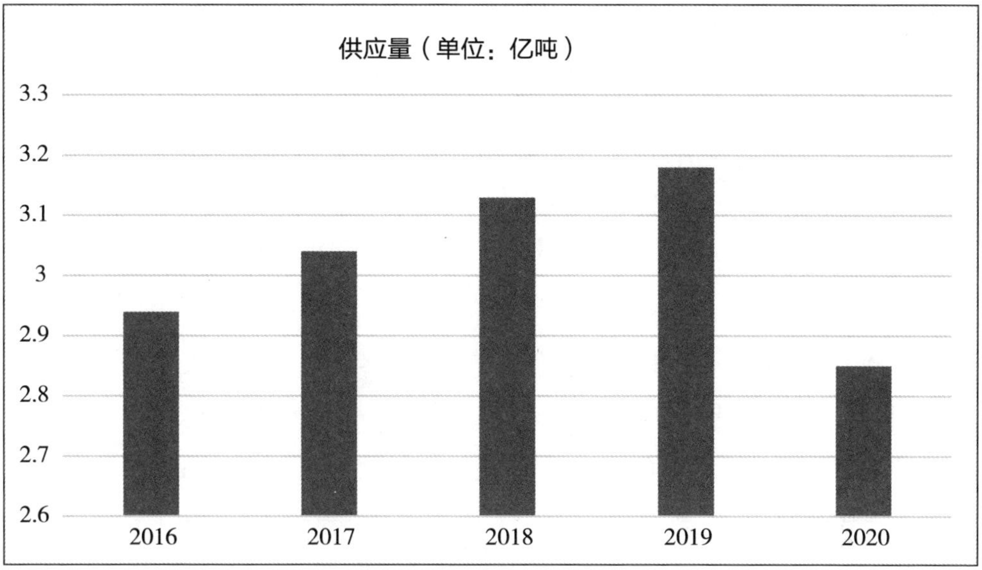

图 5-5 最近几年液化石油气供应量

3. 液化石油气主要供应地区

由于液化石油气的供应来源包括伴生气和炼气厂两大类别，这就使得液化石油气的供应地区与原油产区存在一定的重合，但又不完全一样。各大地区的供应占比如图 5-6 所示。

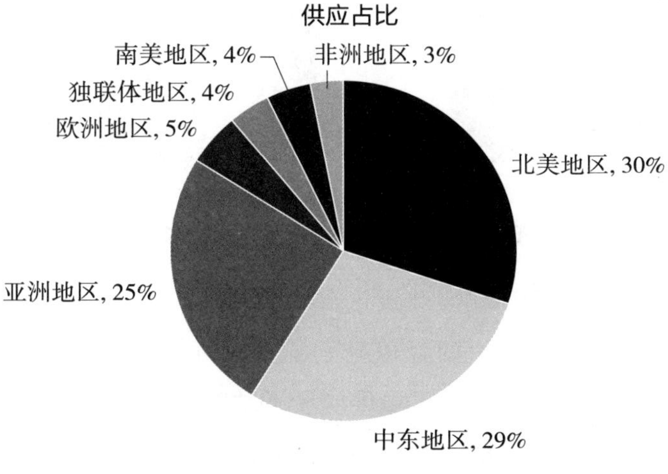

图 5-6 全球液化石油气主要供应地区

从图 5-6 中可以看出，中东地区和北美地区作为重要的原油出产区，伴生气资源同样丰富，也成为了液化石油气的主要供应地区，而亚洲地区则因为存在大量的炼气厂，使得液化气供应量也比较大。

二、液化石油气的全球需求

从整体上来看，全球液化气需求与供给相当，也呈现出了明显的稳定上升态势。

1. 液化石油气需求量

同样，也因为最近两年疫情的影响，液化石油气需求量出现了一定程度的下滑。全球液化石油气的需求量如图 5-7 所示。

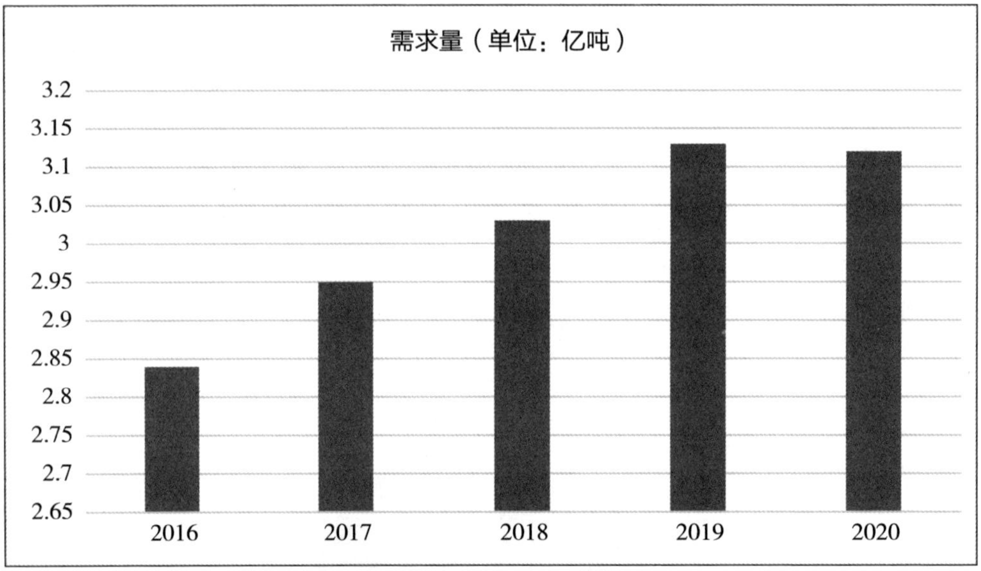

图 5-7　最近几年液化石油气需求量

从图 5-7 中可以看出，全球液化石油气的需求量一直呈振荡上升状态，且与供应量对比可以看出，两者相差不多。2020 年的需求量相比 2019 年虽有下跌，但跌幅并不明显，也不像供应量下跌明显，这与液化石油气消费大户为居民工业燃料有关，毕竟无论遇到何种情况，人都是要吃饭的，餐饮用的燃料也不会出现太过明显的下跌。

2. 液化石油气需求地区

从具体的液化石油气需求地区来看，亚洲为液化石油气最大的需求地区，其次为北美地区，两者总需求量占比超过了 60%。如图 5-8 所示。

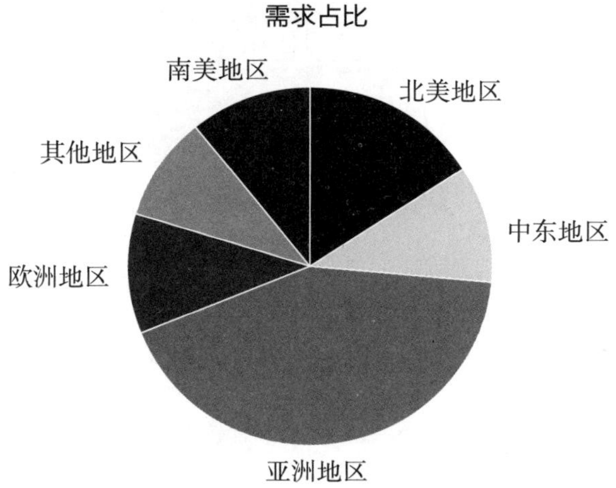

图 5-8　全球液化石油气主要需求地区

通过全球石油液化气需求与供给占比可以看出，亚洲地区的液化石油气根本不可能满足本区域的需求，需要大量从外部进口，而中东、北美都有一定的余量出口。特别是随着美国页岩油革命的展开，液化石油气出口大量增加，成为各类能源出口大国。

3. 全球液化石油气消费领域

全球液化石油气的消费领域，与国内的情况基本相同，也包括以下几个领域，如图 5-9 所示。

从图 5-9 中可以看出，全球石油液化气的主要消费领域仍是商业民用燃料领域，其次为化工领域，其他领域的应用相对较少。

三、国内液化石油气供给分析

国内液化石油气以炼气厂供给为主，伴生气很少，这就在一定程度上决定了国内液化石油气的供需地域格局了，即液化石油气产能布局与石油开采与炼化的布局相一致。

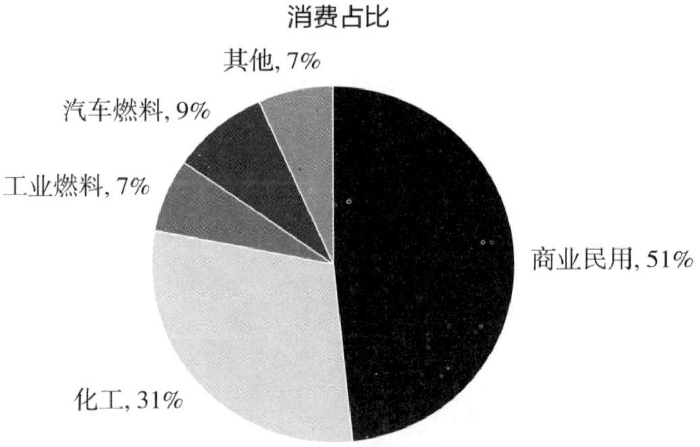

图 5-9　全球液化石油气主要消费领域（2020 年）

1. 国内液化石油气产量分布

国内液化石油气的产量分布重点在华南、华东、华北以及东北等几个区域，如图 5-10 所示。

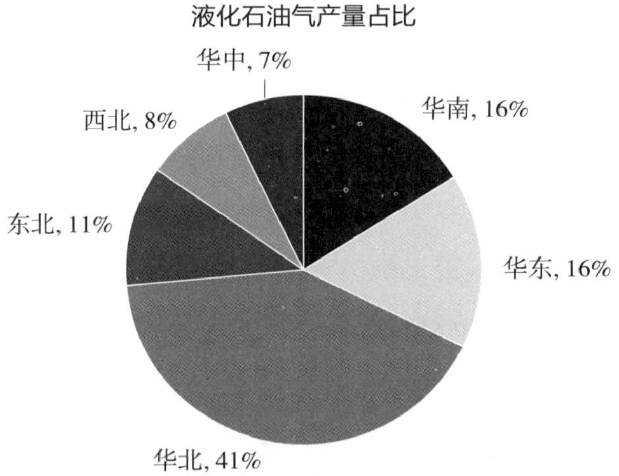

图 5-10　国内液化石油气产量分布

从大区域上来看，华北的产能占比最高，达到了 41%，华南、华东与东北的产量相近。从具体的省份来看，山东的液化石油气产量最高（超过全国总产量的三分之一），其次为广东、辽宁、江苏、浙江等地。

2. 产能类型

在整个石化领域，“三桶油”（中国石油、中国石化、中海油）都占据了较大的份额，且这三家大型石油化工集团的产业链非常完善，涉及到各类化工产品。与“三桶油”相对的是地方炼厂。目前，“三桶油”的产量占比在 51% 以上，而地方炼厂也达到了 42% 以上。

3. 国内液化石油气产量情况

随着国内液化石油气需求量的增加，国内液化石油气的产量也处于逐渐上升趋势，具体来看一下图 5-11 所示的数据。

从图 5-11 中可以看出，最近几年国内液化石油气的产量一直呈现上升态势，即使 2020 年遭遇到疫情的影响，也表现出了强劲的增长态势。当然，这与国内原油加工量提升有密切关系，毕竟液化石油气还是石油加工的副产品。

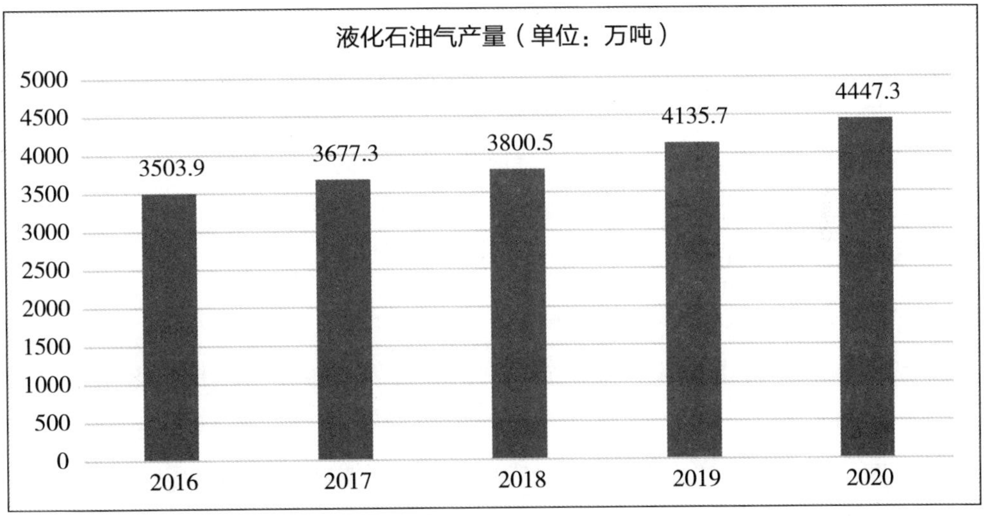

图 5-11　最近几年国内液化石油气产量

四、国内液化石油气需求分析

从整体上来看，国内液化石油气的需求呈现了逐年递增以及区域性分布的特征。

1. 国内液化石油气的需求量

需求端的强劲上升，是国内液化石油气产量上升的主要推动力。特别是最近几年，随着环保监管的推动，液化石油气的使用更加广泛。下面来看一下液化石油气的需求数据情况，如图 5–12 所示。

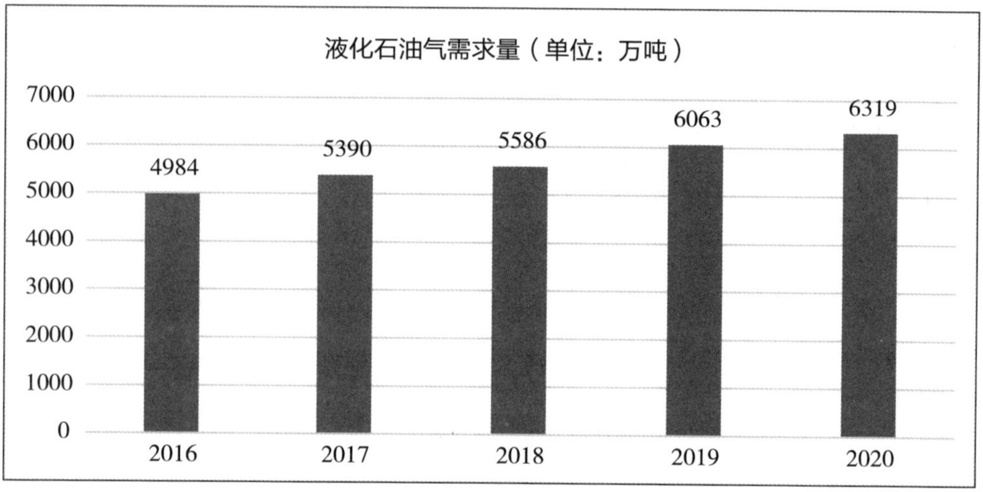

图 5–12　最近几年国内液化石油气需求量

从图 5–12 中可以看出，液化石油气的消费量一直呈稳步上升态势，这也是支撑我国液化石油气行业发展的动力。即使 2020 年受到疫情影响，也没有停止上升的步伐。

2. 国内液化石油气的消费领域

国内液化石油气的主要消费领域，也涵盖了商业民用燃料和化工等，如图 5–13 所示。

从图 5–13 中可以看出，我国的液化石油气消费领域与全球整个消费结构稍有不同，即用作化工原料的比例更大，这与国内化工产业比较活跃有直接的关系。不过，液化石油气作为燃料，仍是最重要的一个消费领域。尽管商业与民用燃料占比略低于化工原料，但加上工业燃料，仍要高于化工原料。

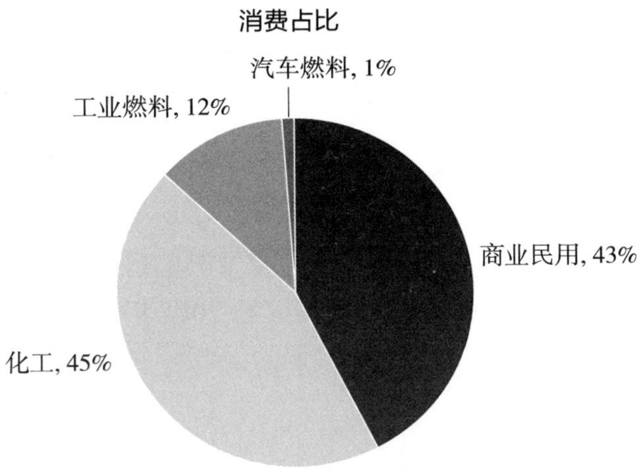

图 5-13　全国液化石油气主要消费领域（2020 年）

3. 国内液化石油气消费区域分布

与液化石油气产区相近，国内液化石油气的消费区域分布重点在华南、华东、华北等区域，如图 5-14 所示。

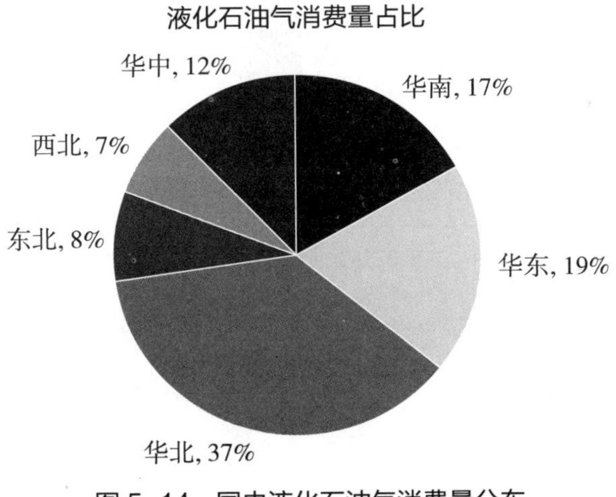

图 5-14　国内液化石油气消费量分布

从大区域上来看，华北的消费量占比同样最高，达到了 37%。其实，这与山东化工产业比较发达有关，对液化石油气需求量达到全国消费量的 23%。华南、华东的消费量相近，且与其经济发展水平有关。

五、国内液化石油气进口分析

受国内液化石油气需求强劲的推动，国内不仅产量逐渐增加，进口量也在逐年攀升。

1. 液化石油气进口数据

其实，从我国液化石油气的需求和产量数据，也可以看出两者之间的缺口额已经将近 2000 万吨。这也就意味着，在 2021 年以后的年份，每年都需要进口 2000 万吨以上的液化石油气。下面来看一下最近几年的进口数据，如图 5-15 所示。

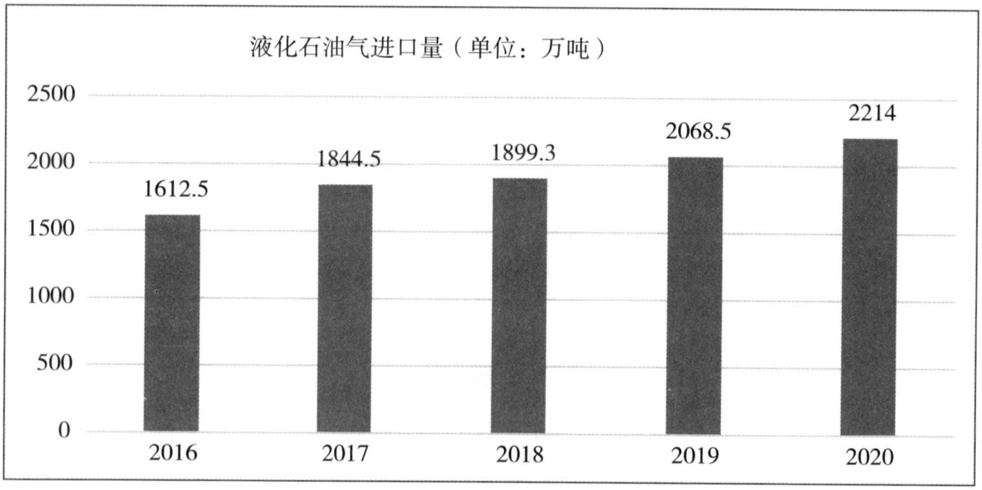

图 5-15　最近几年国内液化石油气进口量

与进口量相比，液化石油气的出口量只有 100 万吨左右，几乎可以忽略不计。这也可以看出我国为液化石油气的主力进口国。

2. 进口液化石油气的类型

我国进口液化石油气的类型，如图 5-16 所示。从图中可以看出，我国进口的液化石油气以丙烷和丁烷为主，其他品种相对较少。其实，这与最近几年丙烷脱氢装置的集中投产有直接关系。由于国内炼气厂的产量已经严重不能满足需求，因而最近几年加大了进口液化石油气的力度。

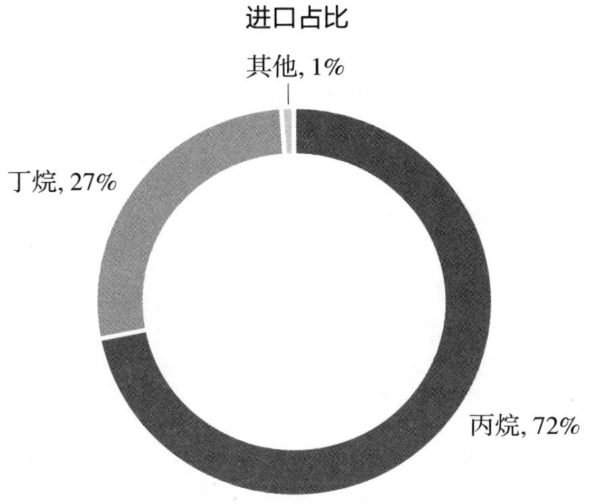

图 5-16　进口液化石油气的类型

3. 出口液化石油气的国家或地区

我国液化石油气的主要进口来源国分布在中东、美国与非洲等地区，如图 5-17 所示。

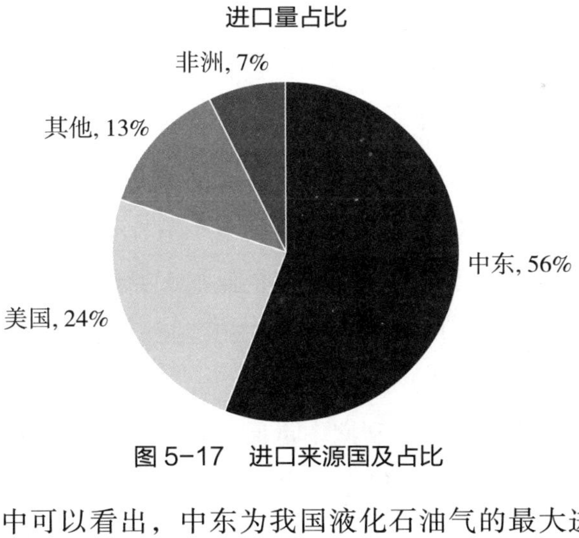

图 5-17　进口来源国及占比

从图 5-17 中可以看出，中东为我国液化石油气的最大进口来源地，美国也占据了较大的比重。同时，由于我国能源对外依赖度普遍较高，进口来源地的多元化也比较有利于能源安全。

第三节 影响液化石油气价格的因素

影响液化石油气价格波动的因素包括如下几方面，如图 5-18 所示。

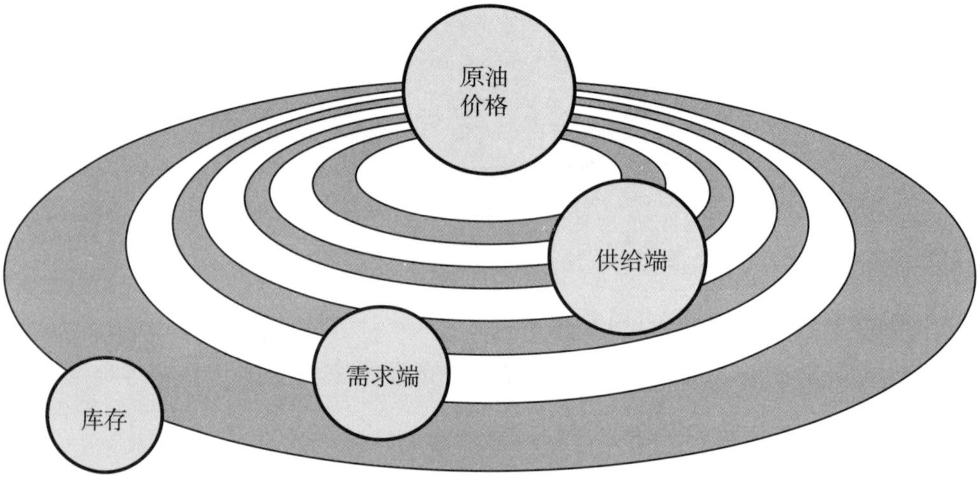

图 5-18 液化石油气价格影响因素

一、供应端：炼厂开工量

国内液化石油气多为炼化厂的副产品，也就是说，液化石油气的产量并非企业主要考虑的目标。炼化厂能够生产多少液化石油气，主要取决于企业加工原油的情况。也就是说，各地炼化企业加工原油的量，常减压装置的开工率，在一定程度上能够反映液化石油气的产量，这也是很多调研机构比较关注各地炼化厂常减压装置开工率的原因。

不过，随着各家炼化企业利润率走低，各大企业也越来越注重对伴生气的收集，这在一定程度上可以促进液化石油气产量的提升。

总之，若石油炼化行业景气度上升，作为副产品的液化石油气产量必然也会随之上升；反之，则会下降。

二、需求端：化工需求提振价格

尽管液化石油气最大的消费领域属于民用商业的燃料领域，但该领域需求变动量相对较小，属于刚性需求，对价格的敏感度不高。同时，从未来需求量来看，尽管会呈现增长态势，但这种增长也是比较稳定的，不会出现大幅振荡态势。

液化石油气的另一个应用领域——化工领域，则是属于变动幅度很大的领域。比如利用丙烷脱氢制丙烯。当然，利用丙烷脱氢制丙烯的企业，使用的液化石油气很大一部分来自于进口气源。不过，随着化工产业的发展，势必增加对液化石油气的需求量，这也会影响整个液化石油气的价格走势。

三、库存量：炼厂库存与进口库存

目前，市场上并没有公共储气罐。各个炼化厂需要自行建设储气罐。同时，进口液化石油气存放于进口罐。这两类气罐的总量反映了市场液化石油气的库存量，但对液化石油气价格的影响却不尽相同。

1. 炼化厂自有罐

炼化厂自有罐数据，是国内炼化厂液化石油气供需情况最真实的反映。一般来说，自有罐存气量越多，说明库存量越大，对市场的价格具有较强的抑制作用，价格下行的压力就大；反之，价格上行的概率就高。由于山东省在石油炼化方面的突出地位，很多调研机构都喜欢对山东地区的炼化厂进行调研，判断自有罐的储气情况，以对液化石油气未来价格走势进行预判。

2. 进口罐

进口罐的数量在某种程度上反映了国内液化石油气供需的紧张情况。也就是说，当国内供需紧张，价格走高时，进口量会增加；反之，进口量则会下降。从反方向来看，进口罐增加时，往往也意味着国内液化石油气价格正处于上升趋势。

四、原料端：原油价格波动

由于液化石油气的原料是原油，因而其价格走势必然会受到原油价格走势的影响。当国际油价上升时，液化石油气的价格也会呈现走高态势；反之，则会呈现走低态势。下面来看一下液化石油气与原油价格的走势对比情况，如图 5-19 所示。

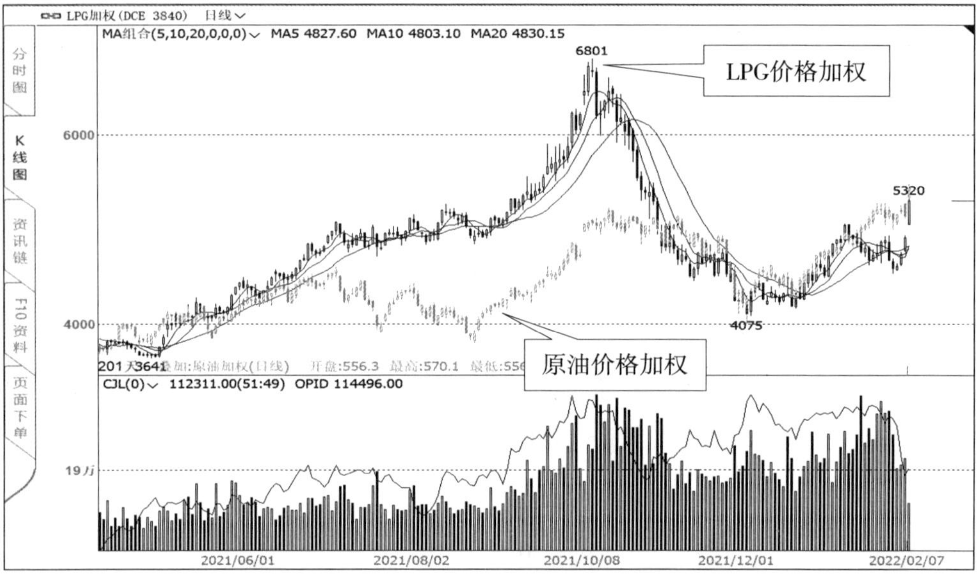

图 5-19 液化石油气与原油价格走势对比图

如图 5-19 所示，液化石油气的价格走势与原油价格的运行趋势基本一致，但原油的波动幅度显然比液化石油气更高。这与液化石油气的供给、需求变动存在一定的关联。但总体上说，当原油价格趋于强势时，液化石油气的价格也会同步走高；反之亦然。

第四节 液化石油气期货及交易要点

作为一种独立的期货品种，液化石油气的价格走势尽管与原油关系非常密切，但也有其本身的特点和波动规律。

液化石油气期货交易需要重点关注以下几方面。

第一，液化石油气期货合约以及交割；

第二，液化石油气期货套期保值参与者；

第三，液化石油气期货的套期保值操作；

第四，季节波动与液化石油气期货操作。

一、液化石油气期货合约及交割要点

相对而言，燃料气不仅是液化石油气最大的一个消费领域，更是一个刚性需求领域，短时间内，很难有其他资源替代液化石油气。同时，随着环保监管的影响，在很多地区，液化石油气还会进一步取代煤炭等燃料。这就使得燃料用液化石油气在国内拥有广阔的应用空间。

同时，在设计液化石油气期货合约时，还考虑了这样几点，如图 5-20 所示。

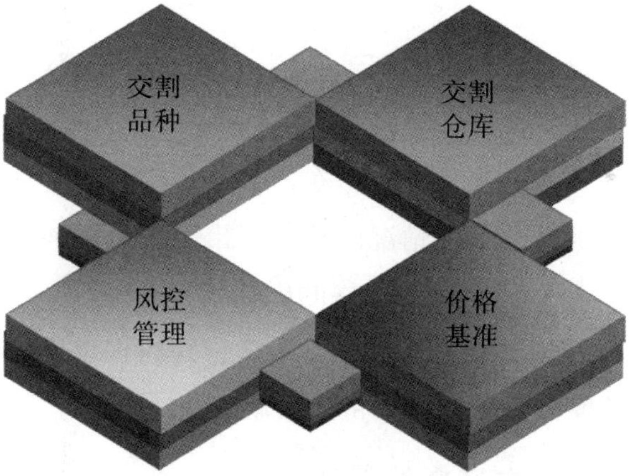

图 5-20　液化石油气期货合约设计要点

1. 液化石油气交割品种

液化石油气的交割基准品种为燃料气。这在前面也介绍过，因为燃料气的用途非常广泛，且在广大农村地区也在逐步推广。同时，还有可能会进一步替代煤炭等传统高污染燃料。

当然，在交割时，也可以选择相似品种作为替代交割品，如纯丙烷等。其他替代品肯定会有一定的贴水。

2. 在液化石油气仓库交割

由于我国液化石油气的主产区和主消费区相对较为集中，以华南、华东、华北为主，因而交割仓库也大多设置在上述三个区域。同时，以广东为基准交割地，这与该地为最大的液化石油气消费地属性有关。同时，该地区的液化石油气不仅包括国内炼化厂提供的，还有从国外进口的气源，使得该地区液化石油气竞争非常激烈，价格也相对合理。

3. 风控

液化石油气有严格的限仓制度，即一般月份，若成交量大于 8 万手，持仓限额为不超过 10%；若低于 8 万手，则持仓限额为 8000 手；在交割月前半个月，持仓限额为 1000 手；进入交割月份后，持仓限额控制在 500 手以内。

4. 液化石油气合约价格基准

液化石油气产品与原油或燃料油不同，其基准价格尽管会受到国际价格的影响（进口气源），但更多的货源与国内炼化厂的供给量存在关系。当然，由于液化石油气的交割基准地位于广东，其市场报价更多地融合国际价格与国内价格，因而更加符合实际情况。从国际市场来看，液化石油气受中东液化石油气（CP）价格和远东 FEI 价格的影响稍大一些。

当然，在液化石油气交易过程中，期货合约的报价不可避免地还会受到主观情绪、外界环境以及国际原油价格波动的影响。

二、液化石油气市场套期保值

液化石油气期货合约的套期保值参与者主要是一些对液化石油气价格波动较为敏感的企业，这些企业大致包括这样几类，如图 5-21 所示。

1. 生产商

越来越多的原油炼化企业开始安装液化石油气的收集装置，成为液化石油气的生产商。因此，防范液化石油气价格大幅下跌，是其参加套期保值的

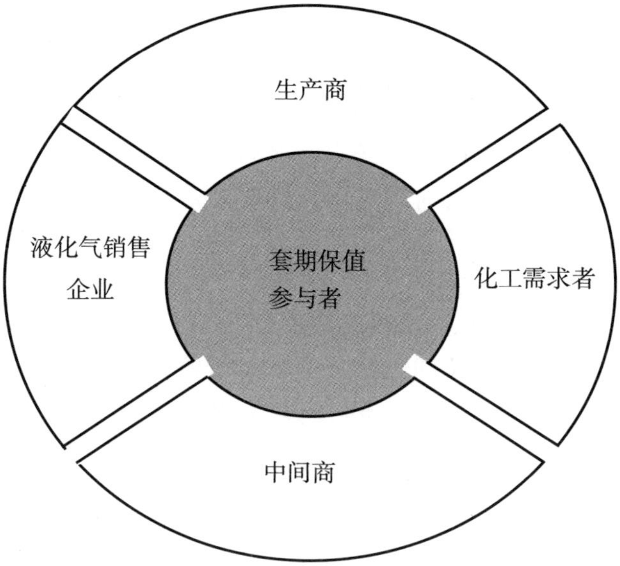

图 5-21　液化石油气市场套期保值参与者

首要目标。

2. 中间商

事实上，液化石油气进口商、贸易商等中间商对套期保值的需求更大。这些中间商持有一定库存后，就会特别担心液化石油气价格走低，因而通过套期保值锁定利润是较为理想的选择。

3. 化工需求商

随着化工领域对液化石油气的需求逐渐增多，相关化工企业对稳定液化石油气价格的需求也很强烈。当然，化工领域需要的液化石油气与期货合约标的还有所不同，但其可将期货市场价格作为化工领域原料价格的一个标尺，同时也可进行一定程度的套期保值操作。

4. 液化石油气销售商

对于液化石油气终端销售商来说，价格的波动可能会对其盈利产生较大的影响。特别是一些专供餐饮企业的液化石油气销售企业，一方面可能已经通过与餐饮企业签订合同锁定了销售价格，另一方面，若不能很好地控制采购价格，可能会造成亏损。因此，这类企业也需要进行套期保值以锁定成本。

三、液化石油气套期保值操作

液化石油气的套期保值也需要遵守期货套期保值的基本规则，即数量相同、月份相近、方向相反原则。液化石油气期货套期保值分为多头套期保值和空头套期保值两类。

1. 多头套期保值

液化石油气多头进行套期保值，都是出于防止液化石油气价格大幅上升侵蚀自身利润的目的而进行的。进行多头套期保值的参与方多为液化石油气下游的销售终端。由于最直接的消费方多为居民户或商业餐饮企业，单独用户对液化石油气需求量相对较少，一般不会参与套期保值业务，而销售终端从自身利益的角度出发，通过套期保值可以有效地防止采购价格大幅上升。

比如，2022 年 1 月，某销售企业想要在 5 月份购入 1000 吨液化石油气。此时，市场上液化石油气价格为每吨 4400 元。那么，该企业为了防止 5 月份液化石油气价格大幅上扬，就可以在 1 月份做多买入 1000 吨 5 月份的液化石油气期货合约（价格为每吨 4500 元）。

到了 5 月份，如果液化石油气现货价格上涨至 5200 元每吨，而 5 月份液化石油气期货合约的价格也上涨至 5250 元左右。该销售企业可以将手中的期货合约平仓，现货市场每吨多花的 800 元，在期货市场补回了 750 元（不含手续费、佣金），也是不错的交易。

2. 空头套期保值

空头进行套期保值参与者相对较多，主要包括生产商和中间商等。

比如，2022 年 1 月，某液化石油气贸易企业计划在 5 月卖出 1 万吨液化石油气。此时，液化石油气价格为每吨 4400 元。那么，该企业为了防止 5 月份液化石油气价格大幅下跌，就可以在 1 月份做空卖出 1 万吨 5 月份的液化石油气期货合约（价格为每吨 4350 元）。

到了 5 月份，如果液化石油气现货价格下跌至 4000 元每吨，而 5 月份液化石油气期货合约的价格也下跌至 3950 元左右。该液化石油气贸易企业可以将手中的期货合约平仓，现货市场每吨赔的 400 元，在期货市场补回了 400 元（不含手续费、佣金），也是不错的交易。

四、强势原油推动液化石油气价格上扬

尽管国内上市的液化石油气属于石油炼化的副产品，但追溯其上游原料，还是与原油存在直接的关系。因此，液化石油气的价格走势势必在大的方向上也会与原油保持一致。

也就是说，原油市场小的波动可能对液化石油气影响不是很大，但大的趋势还是会保持一致的。

比如，2021 年 8 月中旬，因全球很多地区都放松了疫情管制，经济出现了复苏迹象，加之欧佩克石油减产协议，使得全球对原油需求开始增加，油价开始大幅上升，如图 5-22 所示。

投资者可以同时观察液化石油气的价格走势，如图 5-23 所示。

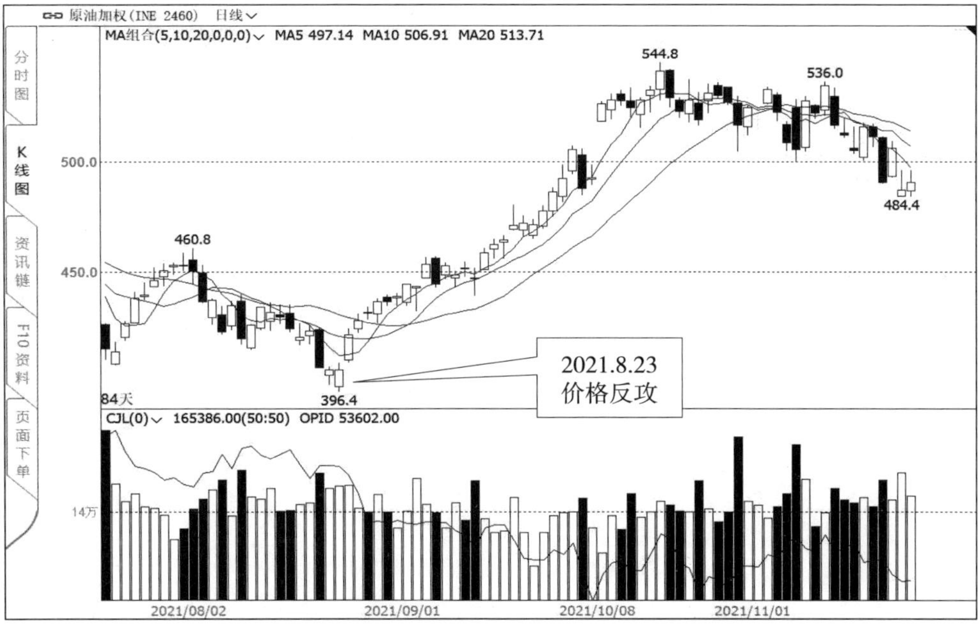

图 5-22 原油主连合约价格日 K 线走势图

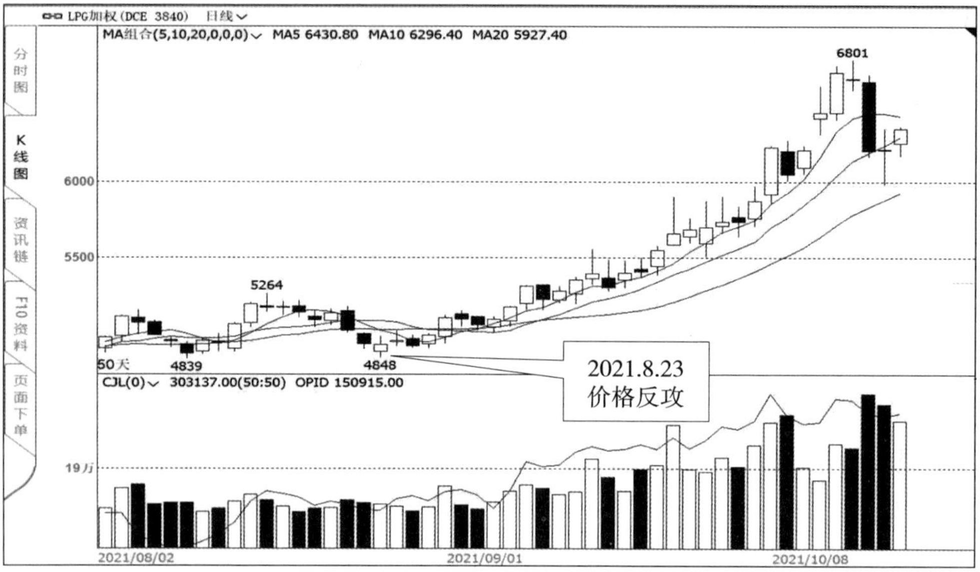

图 5-23　液化石油气主连合约价格日 K 线走势图

从图 5-23 中可以看出，液化石油气合约的价格几乎与原油同步在 2021 年 8 月 23 日触底反弹，并发动了一波上升走势。

从这里也可以看出，炒作液化石油气期货的投资者，需要对原油的价格走势以及未来价格趋势有一个非常清晰的了解，毕竟两者在大的行情上还是会呈现同涨同跌的特性。

第六章

焦煤期货基本分析策略

从整体上来看，我国煤炭资源储量十分丰富，位居全球第四位。不过，整体煤炭品质不高，优质煤炭特别是能够用于炼焦的焦煤资源十分稀缺。

第一节 焦煤及焦煤产业链

焦煤，本质上是一种烟煤，是能够用于炼焦的烟煤之一。在整个煤—焦—钢产业链中，焦煤属于整个产业链的上游，对下游的钢铁产业影响非常大，而钢铁产业又是我国国民经济的重要支柱型产业。

一、焦煤与炼焦煤

炼焦煤，是能够炼焦的各种煤炭的总称。下面先对煤炭的整体类别进行一下区分，如图 6–1 所示。

从整个煤炭分类来看，烟煤是煤炭家族中细分类别最多的一个大类。在烟煤中，肥煤、1/3 焦煤、焦煤、瘦煤都可以作为炼焦煤原料。不过，焦煤仍是炼焦的主力品种。在各种能够炼焦的煤炭中，焦煤的总储量位居第二位，而产量和消费量均为第一位。从这里也可以看出，在炼焦煤诸多品种中，焦煤成为期货合约标的的原因。

二、焦煤的产业链

焦煤，最主要的功能就是炼焦并冶炼钢铁，其整个大的产业链如图 6–2 所示。

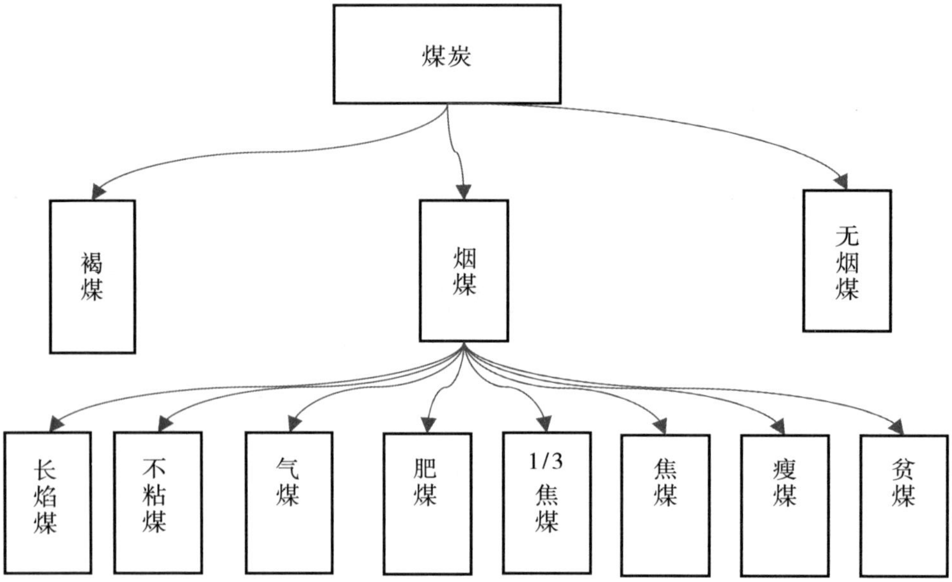

图 6-1　煤炭的分类

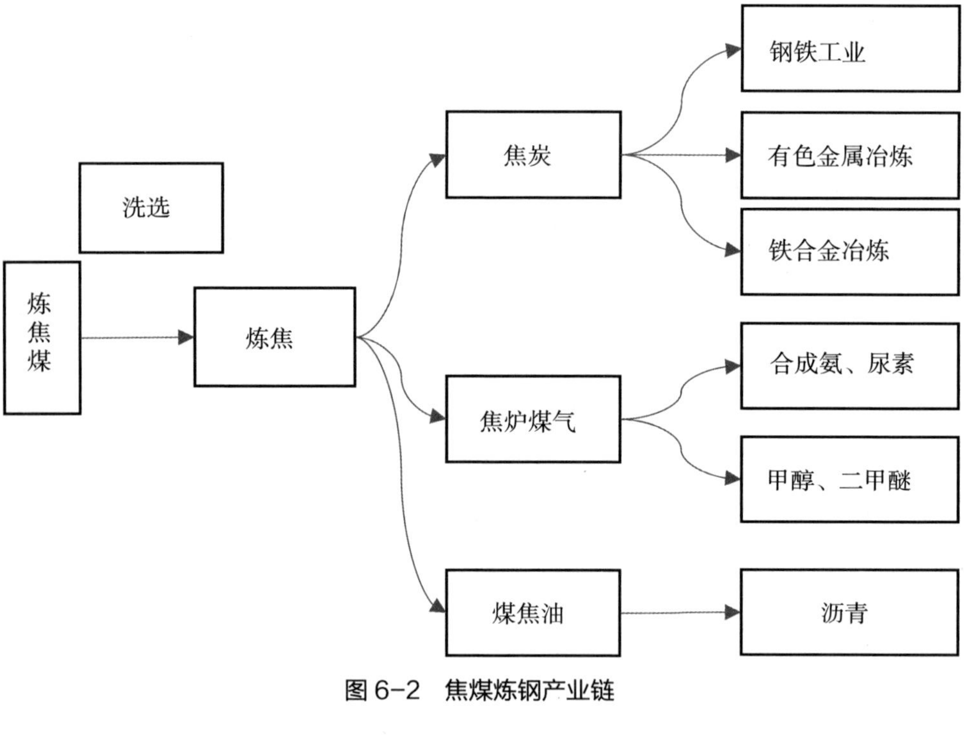

图 6-2　焦煤炼钢产业链

从图 6-2 中可以看出，焦煤属于整个焦煤产业链的上游，其下游关系到钢铁产业的发展。正因如此，焦煤才会受到特别的重视。图 6-3 所示为整个炼焦到钢铁的产业链，若以焦煤来划分产业链，则可以大致分成这样几个环节。

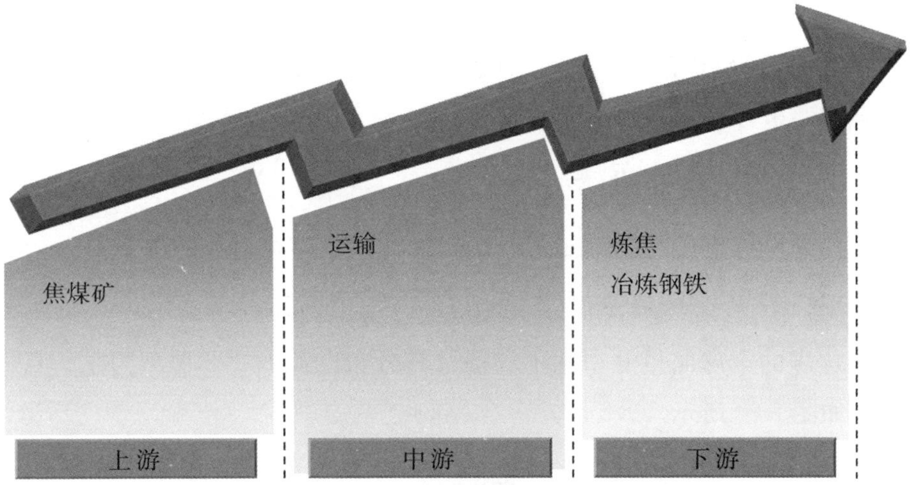

图 6-3 焦煤整个产业链

1. 上游：焦煤矿

焦煤的挖掘与开采具有显著的地域特征。在我国主要分布在华北、东北、西北等地。正是这些地区的焦煤矿产，保证了我国钢铁工业的需求。

2. 中游：运输

很多钢铁企业的选厂会考虑与煤矿、铁矿的距离因素。钢铁企业因为需要选择贴近铁矿或者市场用户而不得不远离焦煤矿，这样，焦煤就需要通过铁路或者公路运输。一般来说，西部煤炭需要用铁路运输至北方沿海港口，然后再海运至南方消费区域。同时，由于国内焦煤需求存在缺口，需要从国外进口，很多沿海钢铁企业比如宝钢，则需要从海外用船舶运输焦煤。

3. 下游：炼焦与钢铁行业

焦煤最直接的下游就是焦炭。焦煤就是用来炼焦炭的，而焦炭是直接用于炼钢的燃料。因此，也可以将钢铁行业理解为焦煤行业的下游。事实上，焦煤的需求最终还是要受钢铁行业发展的影响。

第二节 焦煤基本供需分析

焦煤的供给与需求，是决定其价格走势的最重要因素。下面从供给与需求两个方面来分析焦煤的市场情况。

一、焦煤的全球供给

炼焦煤全球供给与全球储量、每年的开采量存在直接的关系。

1. 炼焦煤的全球储量

炼焦煤的全球储量分布并不均衡，其分布以亚洲、北美洲为主，具体分布情况如图 6-4 所示。

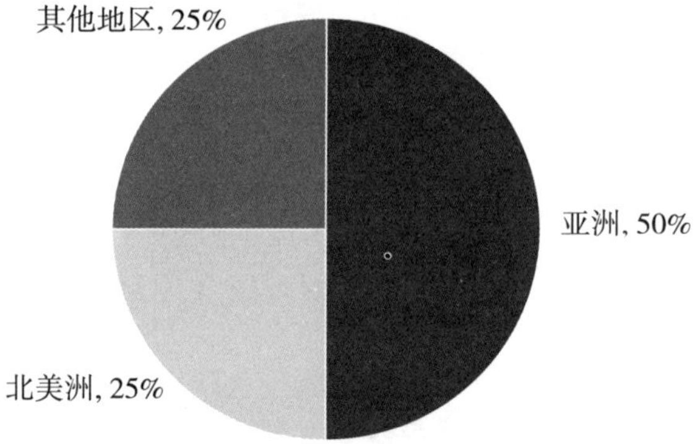

图 6-4 炼焦煤全球分布情况

从图 6-4 中可以看出，亚洲是炼焦煤储量最为丰富的地区，占全球总储量的 50% 以上；其次为北美洲，其他地区的储量相对较少。

从具体的国家来看，其分布情况如图 6-5 所示。

从图 6-5 中可以看出，俄罗斯、中国、美国为炼焦煤储量最高的三个国家。同时也可以看出，俄罗斯是炼焦煤储量最丰富的地区。

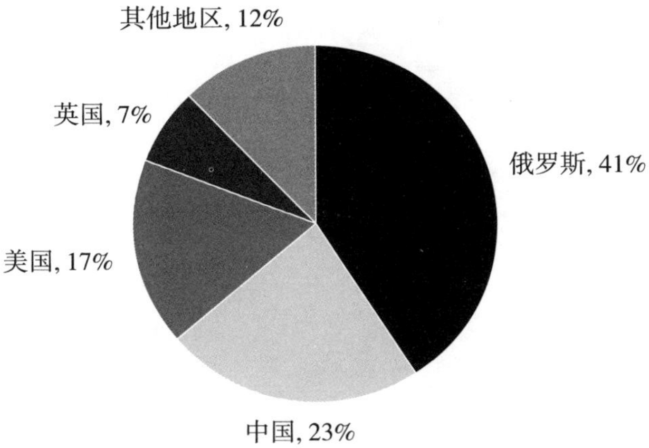

图 6-5 炼焦煤全球分布情况

2. 炼焦煤产量

最近几年，随着全球气候变暖趋势的加强，越来越多的国家开始减少煤炭消费，这也使得全球炼焦煤产能也呈现出了明显的下滑态势。最近两年，因为疫情的影响，使得全球炼焦煤产量进一步走低。

根据国际能源署发布的数据：2020 年，世界煤炭产量首次出现下降，全年煤炭总产量为 75.75 亿吨，比上年减少 3.85 亿吨，同比下降 4.8%。从煤炭品种来看，除无烟煤微增 0.2% 以外，其余煤炭品种产量全面下降。2020 年，世界动力煤产量为 57.07 亿吨，比上年下降 3.2%；炼焦煤产量 10.16 亿吨，同比下降 13.4%。

二、焦煤的全球需求

焦煤，主要是用于冶炼钢铁，因而粗钢产量与焦煤需求量几乎是正相关关系，即粗钢产量前几名的炼钢厂，同样也是焦煤需求量前几名的用户。

1. 焦煤主要需求国家

焦煤需求国中，亚洲的中国、日本、韩国都属于典型焦煤需求大国，在全球焦煤需求占比中所占的比例如图 6-6 所示。

从图 6-6 中可以看出，中国是焦煤全球需求量最大的国家，占总需求量的 60% 以上，其他亚洲国家如日本、印度、韩国的需求量也比较大。

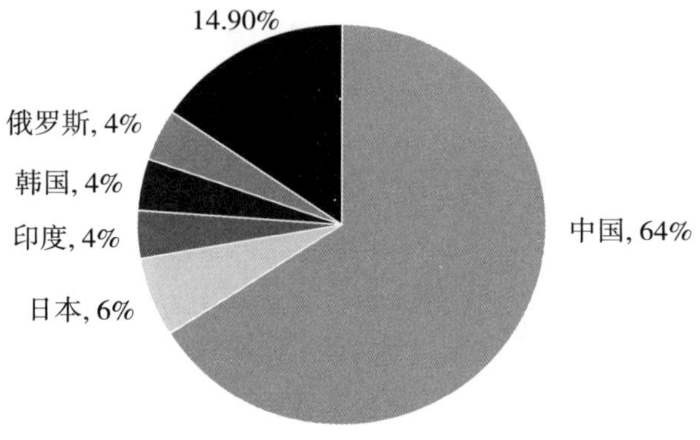

图 6-6　炼焦煤全球需求情况

2. 焦煤的需求量

国际能源署（IEA）发布的煤炭中期报告《煤炭 2020》指出：受新冠疫情影响，2020 年全球电力、钢铁和水泥等行业出现了收缩，致使全球煤炭需求大幅下降 5%，至 72.43 亿吨。预计 2021 年将增长 2.6%，在 2025 年前保持平稳。中国作为最大的煤炭消费国，未来的需求仍将保持稳定。

三、焦煤的国内供给

其实，整个市场上煤炭行业的发展状况，还是要看中国，而且焦煤期货更多地反映的也是国内市场的情况。因此，焦煤的国内供给与需求情况更是值得投资者关注的。从供给端来看，国内的供给是整个煤炭市场价格稳定的基础，毕竟国内对焦煤的需求量太大了，同时也需要相应的供给量相配合。

1. 国内炼焦煤储量情况

从储量上来看，我国炼焦煤总储量在 1569.6 亿吨左右，占我国煤炭总储量的 24% 左右，属于稀缺类资源。而且储量分布极不均衡，主要分布在以下几个省市，如图 6-7 所示。

从各省储量来看，山西炼焦煤储量全国领先，其次为河北、贵州等省。

2. 国内炼焦精煤产量情况

最近几年，国内炼焦精煤的产能在 2016 年大幅下滑的基础上出现了振荡上升态势，但整体上并没有出现较为明显的增长，如图 6-8 所示。

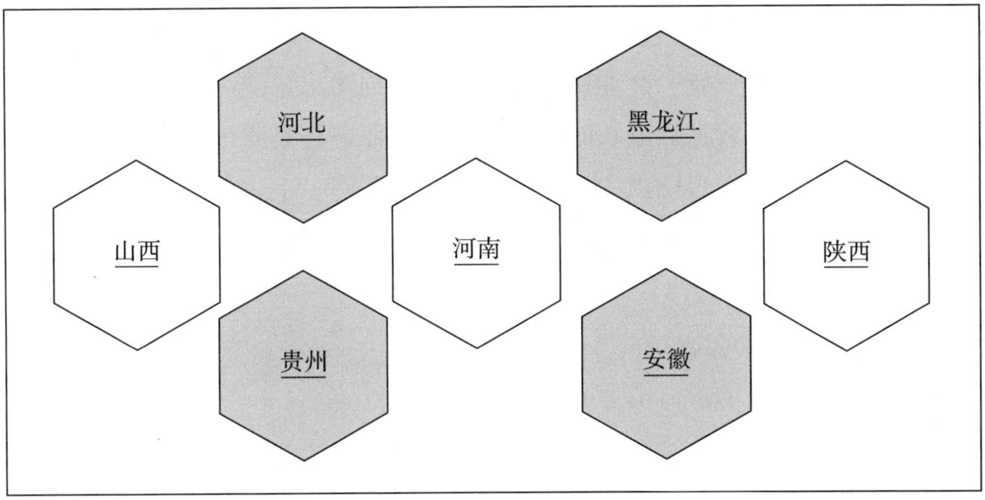

图 6-7　国内炼焦煤重点分布省份

与炼焦精煤长期在 5 亿吨以下水平徘徊相对应，炼焦原煤的产量也维持在 10 ～ 11 亿吨的水平，未来很难出现较大的增长，这是煤炭行业和钢铁行业的整体现状决定的。

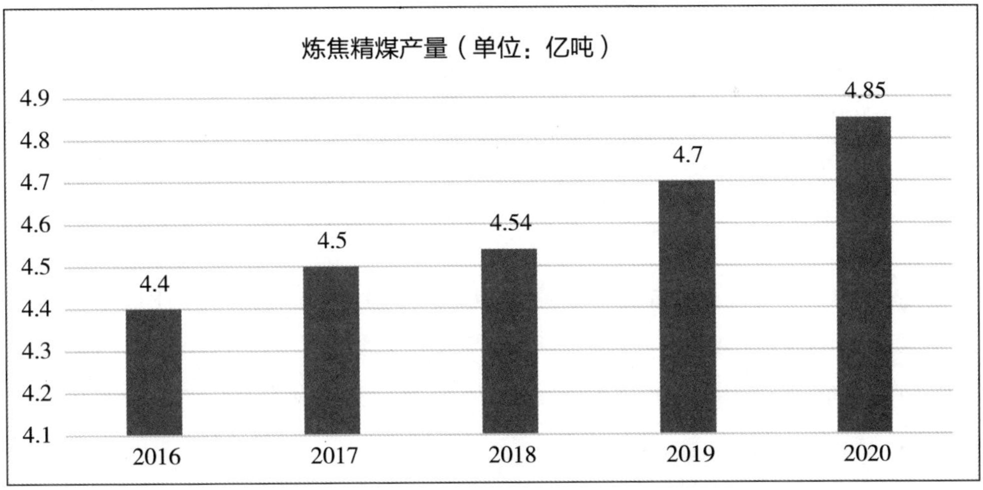

图 6-8　最近几年国内炼焦精煤产量

四、焦煤的国内需求

作为“煤—焦—钢”产业链的上游，焦煤的需求量实际上要受到下游钢铁产量的影响。尽管在相当长时间内，钢铁产业还将是我国国民经济的支柱产业，对焦煤的需求短期内也不会出现明显的下降。不过，受环保监管和去产能化的影响，钢铁行业的增长空间已十分有限，因而焦煤的需求量很难出现大幅的增长。

1. 国内炼焦煤需求量

最近几年，国内焦煤表现需求量如图 6-9 所示。

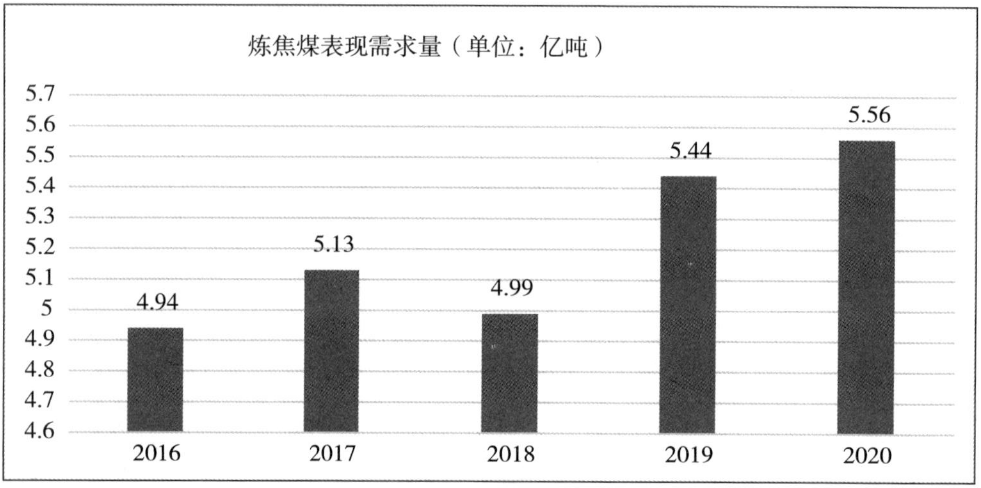

图 6-9　最近几年国内炼焦煤需求量

从图 6-9 中可以看出，尽管最近两年受到了疫情的影响，并且钢铁行业还面临去产能化的压力，但炼焦煤的需求量还是呈现了上升态势。当然，与 2015 年以前的需求量（2014 年达到 6.24 亿吨）还是无法相比的。

2. 国内炼焦煤供需情况

对照炼焦煤的供给与需求数据，可以看出，我国的炼焦煤自给率肯定是不足的，每年存在几千万吨的需求缺口，这部分缺口就需要通过进口焦煤来弥补。

五、焦煤的进出口情况

从焦煤国际市场来看，中国仍是第一大进口国。当然，在大量进口焦煤的同时，也会出口一部分。

1. 炼焦煤进出口数据

目前，每年的焦煤进口量维持在 7000 万吨左右，而出口量相对较低，如图 6-10 所示。

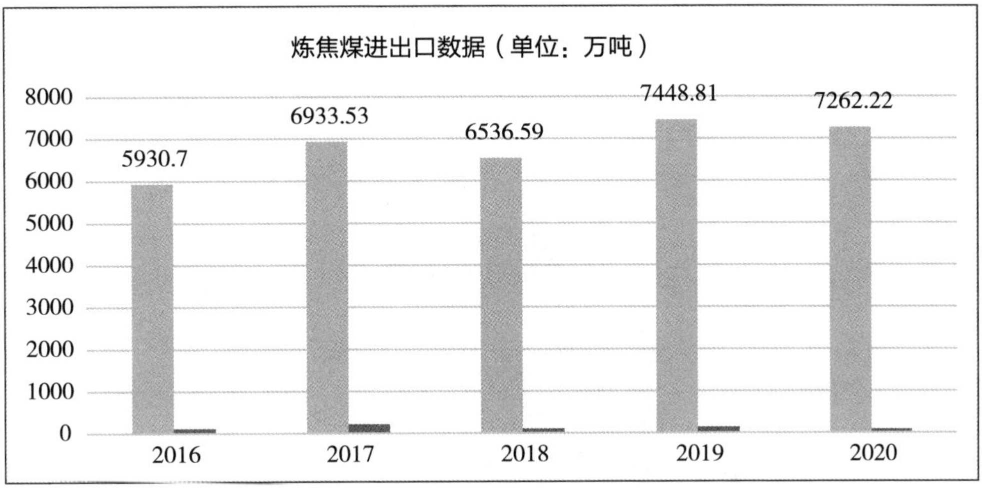

图 6-10　最近几年炼焦煤进出口量

从图 6-10 中可以看出，相对于进口数据，出口量非常少，几乎可以忽略不计。最近两年，炼焦煤的进口量维持在 7000 万吨左右的水平。

2. 炼焦煤主要进口来源国

2020 年以前，我国炼焦煤的进口来源国主要包括以下几个，如图 6-11 所示。从图 6-11 中可以看出，在 2020 年及以前的时间内，澳大利亚为中国焦煤第一大进口来源国，占比超过 60%。其后，随着中国与澳大利亚经贸关系紧张，2021 年澳大利亚的市场份额大幅下跌，下面来看一下 2021 年的焦煤进口情况，如图 6-12 所示。

从图 6-12 中可以看出，由于中国与澳大利亚经贸关系恶化，焦煤进口来源也日趋分散，特别是美国、蒙古、俄罗斯、加拿大等国的比重大幅上升。

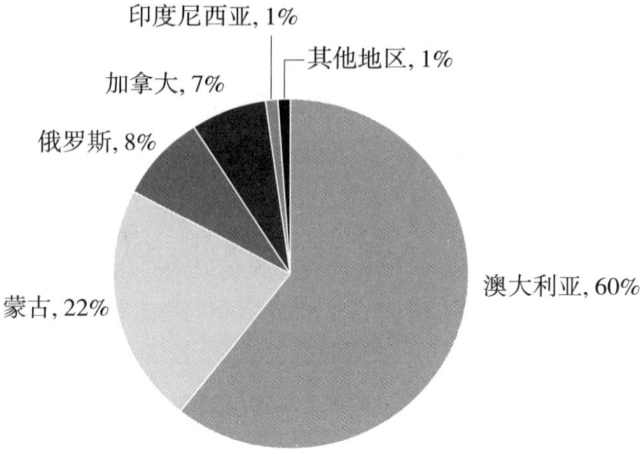

图 6-11　中国焦煤进口来源国（2020 年）

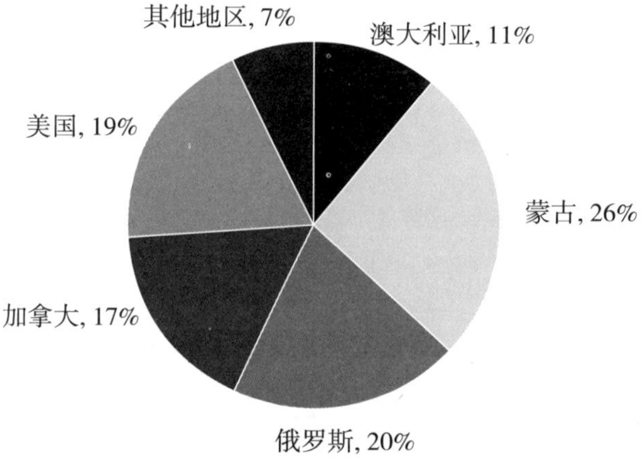

图 6-12　中国焦煤进口来源国（2021 年）

第三节　影响焦煤价格的因素

影响焦煤价格变动的因素包括但不限于以下几方面，如图 6-13 所示。

一、国家产业政策

事实上，国家产业政策对焦煤的价格会产生较大的影响。这种影响包括

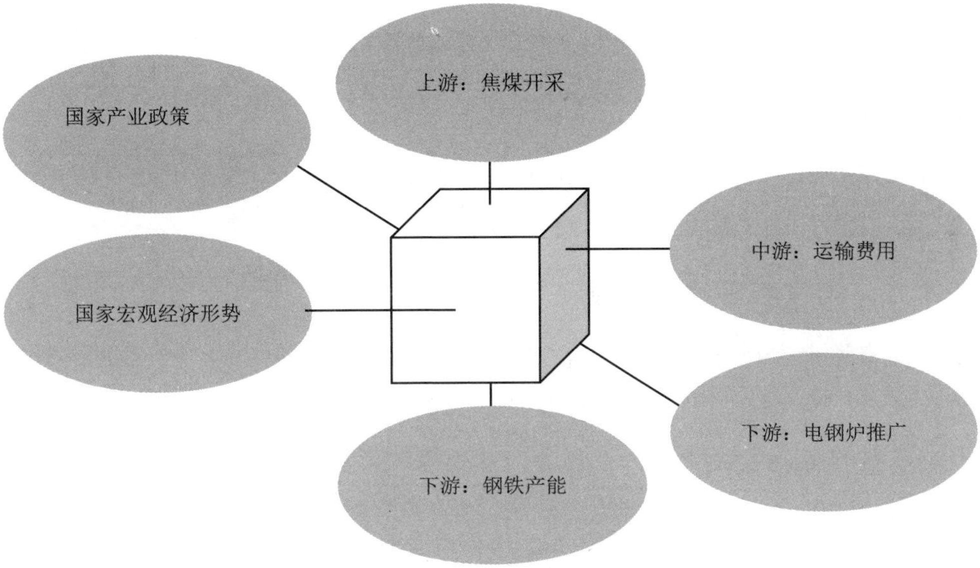

图 6-13 影响焦煤价格的因素

两方面，其一，国家对钢铁行业的相关政策；其二，国家对煤炭行业的政策以及对煤炭进出口政策。

1. 国家钢铁政策

从目前的环境来看，未来数年内，去产能化仍是钢铁产业调整的主旋律。促进钢铁行业兼并重组和转型升级，实现绿色化、智能化发展，是国家对钢铁行业的要求，因而钢铁行业的整体产能很难出现大幅增长，自然对焦煤的需求也不会出现大幅上升态势。

2. 国家煤炭政策

由于煤炭资源属于典型的不可再生资源，因而国家对煤炭资源的政策也经历了几次较大的调整。从以前的鼓励扩大产能，到目前压缩煤炭消费总量，向提升清洁能源比重的方向转变。在煤炭产业的进出口政策方面，也经历了较大的调整。2004 年以前，我国煤炭产业属于粗放型发展阶段，整体上供大于求，国家积极鼓励煤炭出口，并提供了出口退税等优惠扶持政策。2004 年以后，随着我国经济的高速发展，煤炭供给不能满足需求，煤炭进出口政策也开始从鼓励出口转为控制出口，刺激进口。2010 年以后，我国从煤炭净出口国转为净进口国，并对进口煤炭的质量进行精细化管控。同时，国家也会根据国内煤炭供需状况，适时调整煤炭进口政策。

总体上来看，由于目前焦煤进口量较高，若煤炭进口政策出现一些调整，也会影响整个国内市场焦煤的价格走势。

二、国家宏观经济环境

国家整个宏观经济环境，也是推动焦煤市场价格变动的一个重要因素。通常来看，当经济处于上升趋势时，下游钢铁、焦化企业产品需求旺盛，对上游原料的需求也会增加，势必会抬升焦煤的市场价格；反之，当经济处于衰退周期，各个产业需求减弱，钢铁行业的库存就会增加，对上游焦煤的需求就会减弱，从而促使焦煤价格下行。

下面来看一下焦煤加权的价格走势情况，如图 6-14 所示。

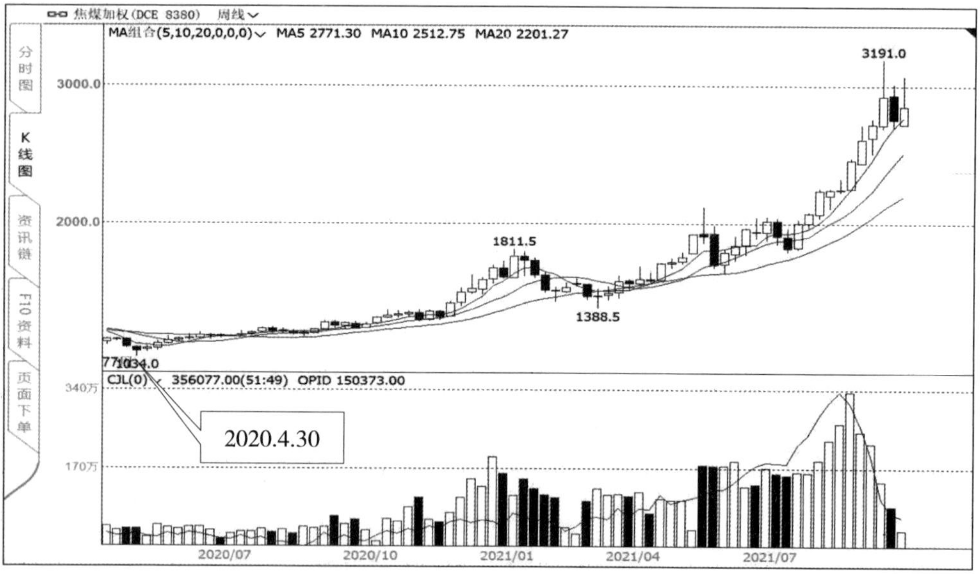

图 6-14　焦煤加权周 K 线走势图

如图 6-14 所示，焦煤的价格自 2020 年 4 月底开启了一波超级牛市。其实，这是与国家宏观经济态势基本吻合的。2020 年年初，因受新冠疫情的影响，国民经济出现了一定的停滞，焦煤的价格也同步走低。进入2020年4月之后，随着我国逐渐走出疫情影响，国民经济开始重新启动恢复走势，焦煤价格也同步出现了上扬。

三、焦煤开采情况

焦煤作为我国较为稀缺的一个煤炭品种，储量相对是固定的。当其开采量达到一定水平时，继续上升也会变得非常困难。甚至随着开采量的增加，未来年度开采量下降也会成为一种大趋势。国家能源局就曾表示，目前我国煤炭开采量已经达到了一个极致水平。

总之，焦煤的开采对整个焦煤的供给会产生直接的影响，更会影响整个市场焦煤的价格走势。

四、运输费用

由于焦煤的主产区在山西、河北、河南等地区，而一些南方钢铁企业要获得这些焦煤，就必须通过铁路、公路以及海运等方式获得。比如，要把山西的焦煤运输至广东，则会选择先将山西的煤炭用铁路运输至秦皇岛港口，然后再海运至广东。

由于焦煤本身价值并不高，但又较重，使得运费占整个煤炭获得成本的比重非常大。在国际煤炭离岸价格中，开采成本仅占40%左右，另外的60%则为运费。

相比较而言，海运的成本要比陆地运输更为低廉。在海运费用走低时，进口煤炭相比国内煤炭的价格优势更为凸显。这也是很多东南沿海钢铁企业多选择进口焦煤的原因之一。

五、钢铁产能

焦煤最主要的用途就是炼焦并冶炼钢铁。也就是说，钢铁产能情况直接决定了对上游焦煤的需求状况。钢铁产能特别是粗钢产能上扬，势必增加对焦煤的需求量；反之，则对焦煤的需求就会下滑。

下面来看一下最近几年粗钢产量情况，如图6–15所示。

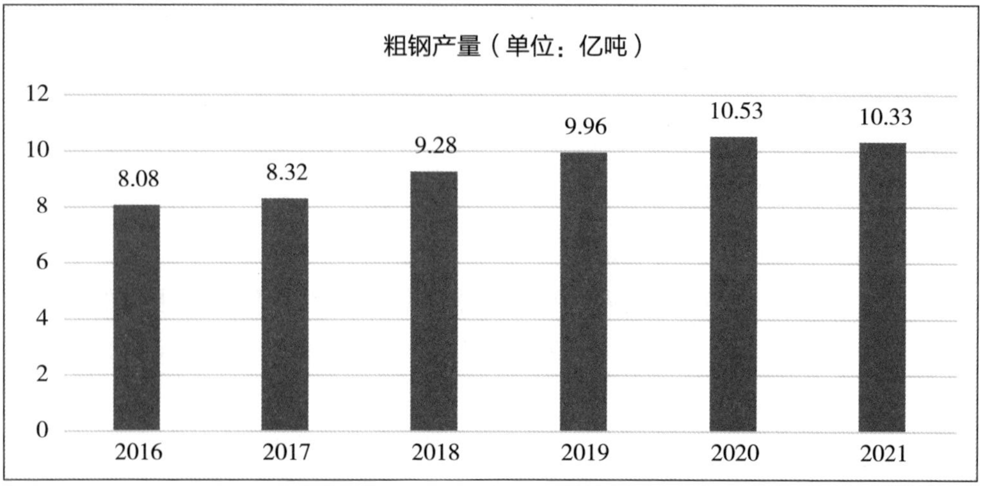

图 6-15　最近几年国内粗钢产量

从图 6-15 中可以看出，2021 年的粗钢产量是最近几年内第一次出现下滑。工信部曾在 2020 年底明确表示，将围绕碳达峰碳中和目标节点，实施工业低碳行动和绿色制造工程，2021 年坚决压缩粗钢产量，确保粗钢产量同比下降。同时，由于钢铁产业仍是国民经济的重要支柱型行业，并不会大幅压缩。这也就意味着，未来粗钢产量很难会出现大幅上升的态势，因而对焦煤的整体需求将会稳定在一定的水平之上。

六、电钢炉推广减弱对焦煤需求

目前，随着碳中和战略的推行，国家对环保的监管力度会越来越严。而传统的钢铁冶炼行业又是一个重度污染行业，势必也会遇到一定的挑战。电钢炉的普及，在一定程度上能够对焦煤的需求起到一定的抑制作用。但从目前的情况看，还是无法替代传统高炉和焦煤，毕竟电钢炉需要的原料为废钢，而非铁矿石。也就是说，从环保角度考虑，国家会主动降低粗钢产量，大力提倡电钢炉的推广，这在某种程度上肯定会影响对焦煤的需求。

第四节　焦煤期货及交易要点

炼焦煤是生产焦炭的原料，是“煤—焦—钢”产业链的源头。同时，由于我国是世界上最大的焦煤生产国和消费国。因此满足产业链相关企业套期保值的需求，就成为设计焦煤期货的出发点。

焦煤期货交易需要重点关注以下几方面。

第一，焦煤期货合约以及交割；

第二，焦煤期货套期保值参与者；

第三，焦煤期货的套期保值操作；

第四，季节波动与焦煤期货操作。

一、焦煤期货合约及交割要点

在设计焦煤期货合约时，重点考虑了以下几方面内容，如图 6-16 所示。

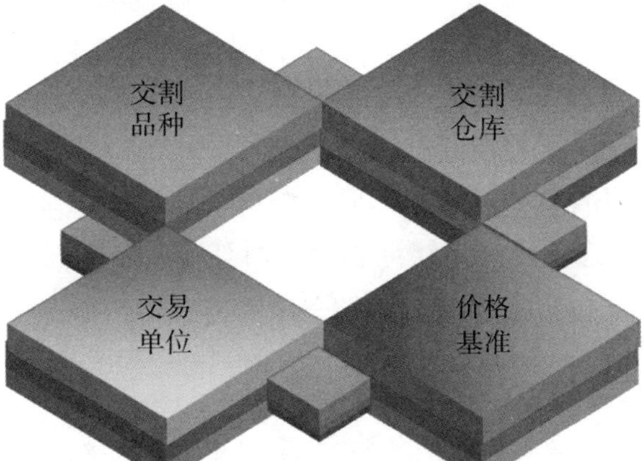

图 6-16　焦煤期货合约设计要点

1. 焦煤交割品种

焦煤属于炼焦煤家族中的一员，而且是最主要的一员。从储量上来看，焦煤占炼焦煤总储量的 23.8%，位居第二位，而生产量和消费量则位居第一位。

同时，焦煤的价格与其他煤炭的相关性极高。正因如此，焦煤才会被选中成为炼焦煤系列中的代表，成为期货交易标的物。目前，国内市场 70% 以上的主焦煤都可以达标，具体交易品种为主焦煤 + 部分肥煤。

2. 在焦煤仓库交割

在仓库交割方面，重点考虑了我国焦煤主产区和主消费区的特点以及铁路运输的瓶颈问题。在生产与消费方面，华北、华东地区为主要生产与消费地区。山西等地的焦煤多会流向河北、山东等地，而从蒙古进口的焦煤则会通过铁路运输至华北和北方港口，并流向南方各省。通过其他国家进口的煤炭，也会在北方的京唐港、日照港、青岛港等港口进入国内。因此，焦煤的交割仓库也多选在了北方的京唐港、日照港、青岛港等地。

3. 交易单位设置

焦煤期货合约每手设置为 60 吨，该交易单位的设计考虑了这样几方面因素：其一，60 吨焦煤正好是一节火车车皮或两辆卡车的运输量；其二，生产 1 吨焦炭，大约需要 1.3 吨炼焦煤。而焦煤与肥煤合计在炼焦配煤中占比为 45% 左右。这就相当于 0.6 吨的焦煤对应 1 吨的焦炭。通过将每手交易量设定在 60 吨，有利于相关投资者进行套期保值操作。

4. 焦煤合约价格基准

焦煤企业合约的基准价格由大商所确定，定价依据主要参考了京唐港、日照港、青岛港、连云港、天津港以及山西等地的焦煤现货市场价格。

当然，在焦煤交易过程中，期货合约的报价不可避免地还会受到主观情绪、外界环境以及国际原油价格波动的影响。

二、焦煤市场套期保值的参与者

焦煤期货合约套期保值参与者主要是一些对焦煤价格波动较为敏感的企业，这些企业大致包括这样几类，如图 6–17 所示。

1. 生产商

对于焦煤生产企业来说，下游需求是自身难以控制的一个因素，而这个

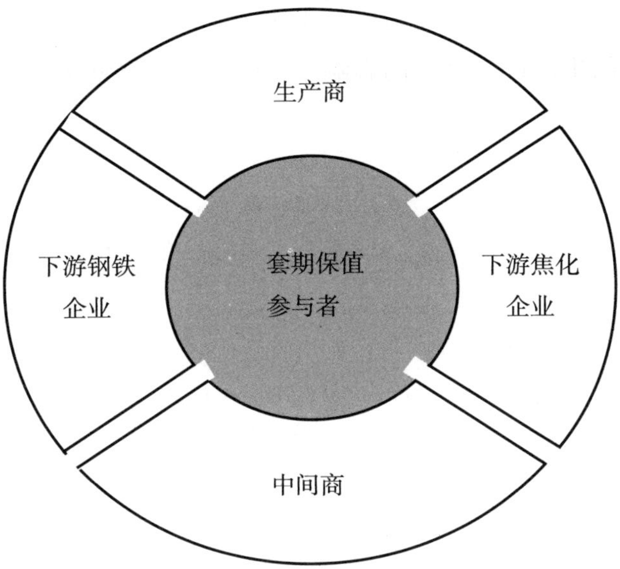

图 6-17　焦煤市场套期保值参与者

因素又会对焦煤的市场价格产生较大的影响。因此，焦煤生产企业为了锁定市场价格，防止价格波动对企业生产经营活动造成损失，就可以进行套期保值操作。

2. 中间商

事实上，焦煤进口商、贸易商等中间商对套期保值的需求更大。这些中间商持有一定库存后，就会特别担心焦煤价格走低，因而通过套期保值锁定利润对其是较为理想的选择。

3. 焦化企业

焦化企业作为焦煤的直接下游需求商，对焦煤市场价格波动的感觉更为明显。当焦煤价格走高时，势必会蚕食焦化企业的利润，因此锁定原料焦煤的价格，也就成了焦化企业从事套期保值业务的初衷。

4. 钢铁企业

钢铁企业尽管直接上游是焦化企业，即其所需要的原料为焦炭。但是，目前大多数钢铁企业都有自己的质量规范，对焦炭的需求也不尽相同，因而这些大型钢铁企业都拥有企业附属的焦化企业，因此焦煤价格波动事实上也会对钢铁企业的生产产生较大的影响。正因如此，钢铁企业参与焦煤期货套期保值的热情也非常高。

三、焦煤期货套期保值操作

焦煤的套期保值也需要遵守期货套期保值的基本规则，即数量相同、月份相近、方向相反原则。焦煤期货套期保值分为多头套期保值和空头套期保值两类。

1. 多头套期保值

焦煤多头进行套期保值，都是出于防止焦煤价大幅上升进而侵蚀自身利润的目的而进行的。进行多头套期保值的参与方多为焦煤下游的焦化企业、钢铁企业。这些企业对焦煤的需求量都非常庞大，焦煤价格一旦出现波动，企业效益受到的影响也比较大。通过套期保值，无疑可以将这些焦煤价格波动风险降到最低。

比如，2022 年 1 月，某焦化企业想要在 5 月份购入 6 万吨焦煤。此时市场上焦煤价格为每吨 2000 元。那么，该企业为了防止 5 月份焦煤价格大幅上扬，就可以在 1 月份做多买入 6 万吨 5 月份的焦煤期货合约（价格为每吨 2100 元）。

到了 5 月份，如果焦煤现货价格上涨至 2500 元每吨，而 5 月份焦煤期货合约的价格也上涨至 2550 元左右。该焦化企业可以将手中的期货合约平仓，现货市场每吨多花 500 元，在期货市场补回了 450 元（不含手续费、佣金），也是不错的交易。

2. 空头套期保值

空头进行套期保值参与者相对较多，主要包括焦煤厂矿企业和中间商等。

比如，2022 年 1 月，某焦煤贸易企业计划在 5 月卖出 5000 吨焦煤。此时焦煤价格为每吨 2000 元。那么，该企业为了防止 5 月份焦煤价格大幅下跌，就可以在 1 月份做空卖出 5000 吨 5 月份的焦煤期货合约（价格为每吨 2100 元）。

到了 5 月份，如果焦煤现货价格下跌至 1500 元每吨，而 5 月份焦煤期货合约的价格也下跌至 1550 元左右。该焦煤贸易企业可以将手中的期货合约平仓，现货市场每吨赔的 500 元，在期货市场补回了 550 元（不含手续费、佣金），也是不错的交易。

四、季节波动与焦煤期货操作技巧

从以往的走势来看，焦煤价格还是具有很强的季节性波动规模的。通常来说，夏季焦煤价格走高的概率大一些；进入冬季后，特别是春节前后，焦煤价格走弱的概率更高一些，这与下游企业的生产组织存在一定的关系。一方面，由于钢铁企业属于典型的高耗能、高污染企业，冬季一般都会有一定的限产措施，这就抑制了对上游焦炭、焦煤的需求，导致焦煤价格下行；另一方面，由于春节假期的存在，很多下游企业在春节期间也可能会为员工安排一些假期，导致生产不会满负荷运转，这也会减少对焦煤的需求，抑制焦煤价格上升。

下面来看一下焦煤期货合约的价格走势情况，如图 6–18 所示。

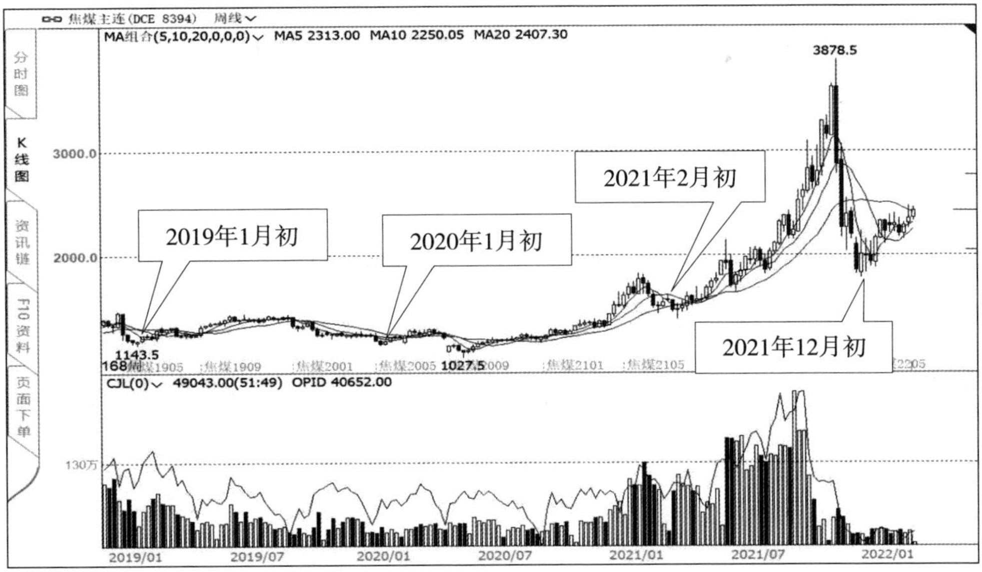

图 6–18　焦煤主连合约的价格周 K 线走势图

图 6–18 所示为焦煤主连合约在 2018 年年底到 2022 年年初的走势情况。从该品种周 K 线走势图中可以大致看出，在冬季或者说春节前后，常常出现价格下行走势。当然，具体的下行日期还会根据各年情况的不同而有所差异，但整体上在每年的一季度，焦煤价格是很难有大的上升行情的。

第七章

焦炭期货基本分析策略

我国是世界上最大的焦炭生产国和消费国，因此，焦炭期货的推出，对提升焦炭产业链相关企业的经营稳定性，掌控焦炭价格话语权具有重要的意义。焦炭的主要原料就是炼焦煤，因此，在期货市场上，焦炭期货的价格走势与焦煤期货的价格走势具有很大的关联性。

第一节　焦炭及焦炭产业链

在“煤—焦—钢”产业链中，焦炭处于中游环节，上游连接炼焦煤，下游连着钢铁，处于十分重要的位置。

一、焦炭

焦炭是固体燃料的一种。由煤在约1000℃的高温条件下经干馏获得。主要成分为固定碳，其次为灰分，所含挥发分和硫分均甚少。在应用领域，焦炭主要用于高炉炼铁，而且是炼铁不可或缺的原料，而钢铁工业又是国民经济的重要基础性产业。

1. 焦炭的分类

我国是世界上最早发明铸铁冶炼技术的国家，在魏晋南北朝就使用煤炼铁，在明朝开始用焦炭冶炼金属。

冶金焦炭按照具体用途划分，可以大致分为三个类别：

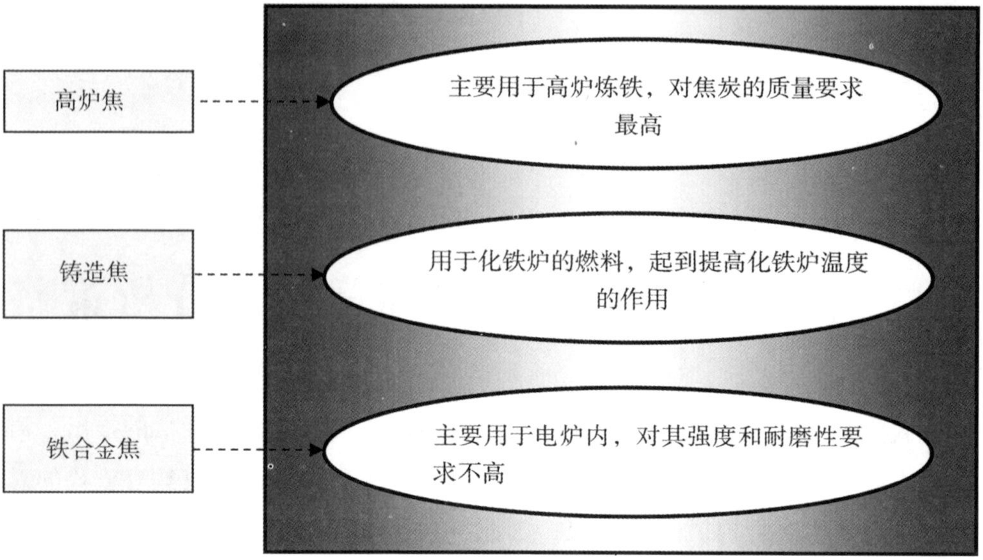

图 7-1 冶金焦炭的分类

2. 焦炭在高炉中的具体用途

从目前的实际应用来看，焦炭最大也是最主要的用途还是在高炉中炼铁。在高炉炼铁过程中，焦炭的主要用途如图 7-2 所示。

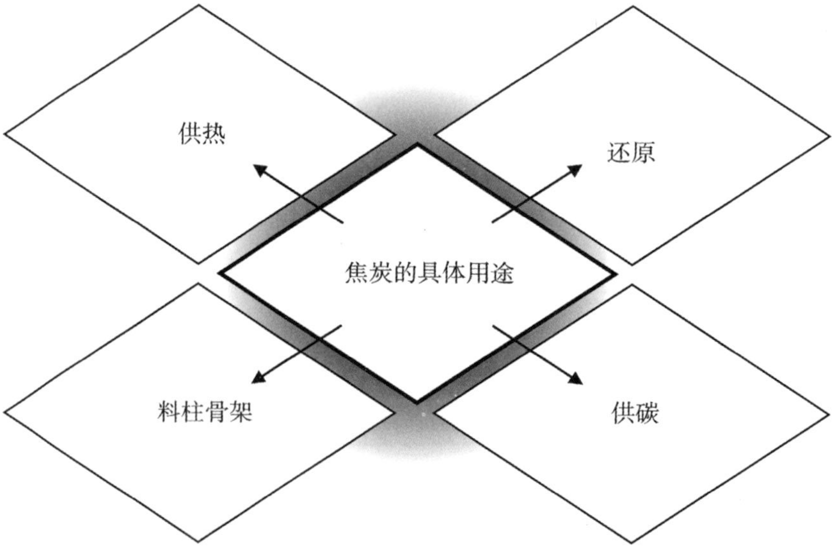

图 7-2 焦炭的具体用途

（1）供热。

高炉炼铁所需热量的 80%，基本上都是由焦炭提供的。供热、冶金也就成了焦炭的第一大主要用途。

（2）还原。

焦炭可以作为高炉炼铁过程中铁矿石的还原剂，即焦炭通过燃烧生产二氧化碳，二氧化碳在高温条件下被焦炭还原成一氧化碳，一氧化碳和铁矿石反应生成铁和二氧化碳。

（3）料柱骨架。

焦炭比较坚固，且在风口区以上会始终保持块状，因此可以作为高炉料柱的骨架，起疏松料柱，保证料柱有良好透气性的作用。

（4）供碳。

一般情况下，生铁中的碳全部来源于高炉焦。高炉中的碳可以渗入生铁，使生铁中的碳含量达到 4% 左右。

二、焦炭产业链

焦炭的产业链构成非常简单，主要涵盖了三个环节，如图 7–3 所示。

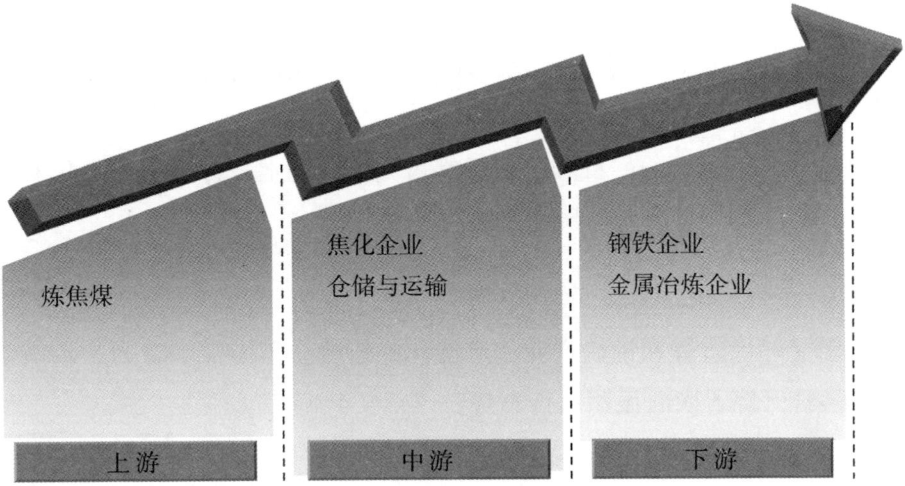

图 7–3　焦煤整个产业链

1. 上游：炼焦煤

焦炭的上游产业其实只有一个，即炼焦煤。同时，炼焦煤的价格也是对焦炭行业盈利情况、焦炭价格影响最大的一个因素。

2. 中游：焦化企业与运输

目前，焦化企业大致可以分为两类：其一，独立的焦化企业；其二，钢铁企业附属或联营的焦化企业。

很多大型钢铁企业对焦炭都有特殊的需求。同时，由于其对焦炭需求量非常大，因此，这些企业往往会选择建设配套焦化厂。这些焦化企业的生产量与下游的需求量可以配合得非常好。

当然，目前大多数焦化企业还是相对独立的焦化企业，毕竟大型钢铁企业还是少数，很多小型钢铁企业还是需要从焦化企业购进焦炭的。这些焦化企业与钢铁企业之间还有一个运输和仓储的问题。

3. 下游：钢铁行业及金属冶炼行业

钢铁行业是焦化企业的直接下游。同时，焦炭行业的下游还包括各类金属冶炼企业，如铜、钛、铅、锌等。

第二节　焦炭基本供需分析

目前，我国焦炭的产量和消费量都占到全球的七成以上。研究焦炭的价格走势，重点在于对国内焦炭的供给与需求分析。

一、焦炭的供给

由于受环保监管和钢铁产业去产能化的影响，下游需求乏力，致使整个焦炭的供给保持了横向振荡运行态势。

1. 焦炭总产量

最近几年焦炭产量一直在 4.5 亿吨附近徘徊，如图 7-4 所示。

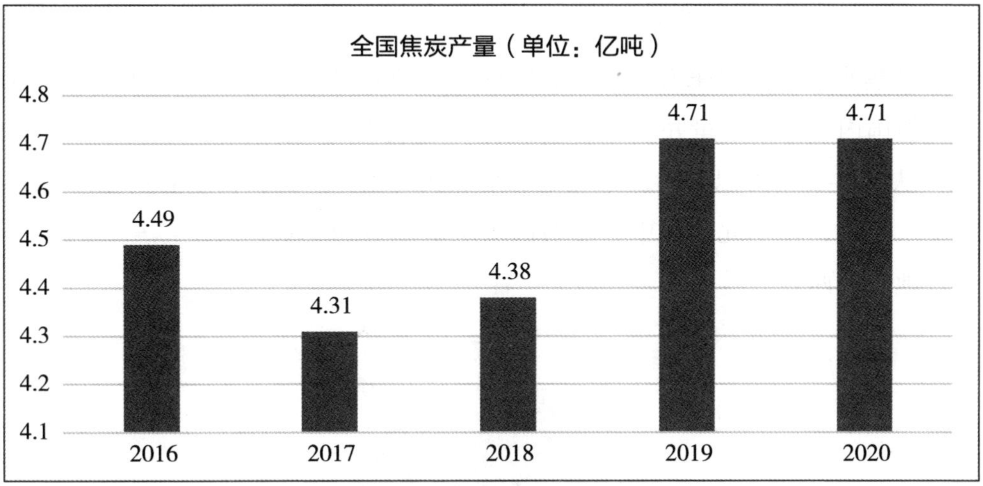

图 7-4 最近几年国内焦炭产量

如图 7-4 所示，最近几年国内焦炭产量受钢铁行业去产能化影响，一直没有出现大的增长态势。在2019年达到最近几年高点后，2020年保持了稳定。未来也难以出现大的增长。

2. 焦炭主要供给结构

前面也曾介绍过，焦炭的主要供给方包括两类：其一为独立的焦化企业；其二，为钢铁企业联营的焦化企业。两者所生产的焦化占比情况如图 7-5 所示。

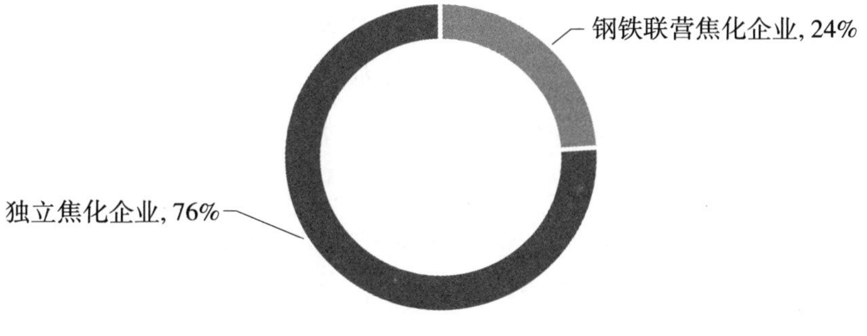

图 7-5 两类焦化企业产量占比

3. 焦炭主要供给区分布

从焦炭的总产量来看，在满足国内需求的同时，还可能会出现一定的剩余，但国内的焦炭产量并不均衡，各区域产能占比如图 7–6 所示。

从图 7–6 中可以看出，华北地区是焦炭的主要产区，占了总产量的 42% 以上。当然，在华北地区中，山西因煤炭资源最为丰富，又是最重要的焦炭出产地，山西省产量占华北地区总产品量的 50% 以上。

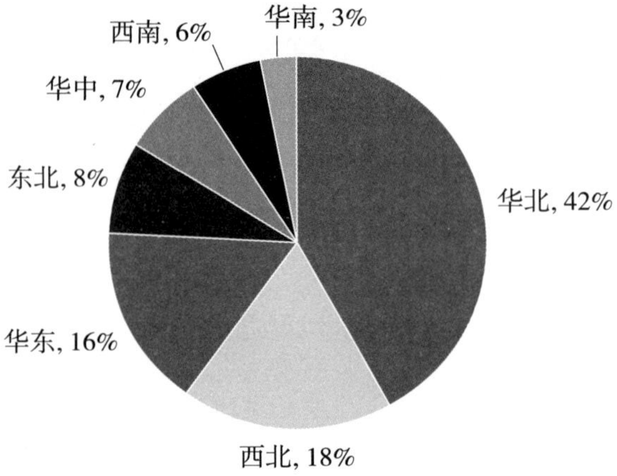

图 7–6 焦炭全国分布情况

4. 焦炭的产能与未来供给

按照国家焦炭行业去产能化的要求，每年都会有相当一部分的产能被淘汰。特别是按照《焦化行业十三五规划》要求，到 2020 年累计完成淘汰的焦炭产能应该在 5000 万吨以上。尽管如此，焦炭行业还存在着严重的产能过剩问题。目前， 实际拥有产能在 6.5 亿吨以上，而实际利用率不到 70%。

从这里可以看到两点：其一，未来焦化行业继续淘汰落后产能；其二，焦炭行业的产能利用率在提升至一定程度后，势必会增加焦炭的进口。

二、焦炭的需求

与供给量相对的是需求情况。焦炭的价格受需求端的影响更大。

1. 焦炭的需求量

最近几年，全国焦炭总的需求量数据如图 7-7 所示。

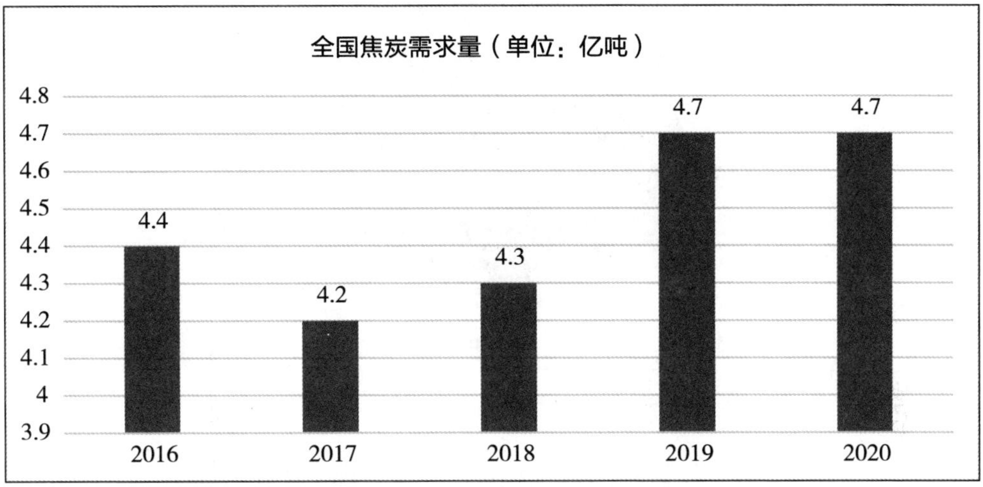

图 7-7 最近几年国内焦炭需求量

对照最近几年焦炭的需求量与之前的供给量可以发现，国内焦炭市场供需整体处于相对平衡状态，即从总量上看，供给几乎与需求相吻合。当然，这本身与焦炭市场的特殊情况有关，毕竟供给情况受下游需求影响很大。

2. 焦炭的消费构成

焦炭最主要的用途就是高炉炼铁，因而，在焦炭的消费构成中，钢铁行业也是占比最大的一个领域。焦炭的消费构成如图 7-8 所示。

从图 7-8 中可以看出，钢铁行业确实是焦炭的第一大消费领域。化工领域、机械领域和有色领域也消费了一定的焦炭，但总体上占比不大。从另外一个角度看，钢铁产量在一定程度上可以决定焦炭的消费量。

三、焦炭的进出口

我国的焦炭产业长期以来处于净出口国地位，只是最近两年才加大了进口的力度。

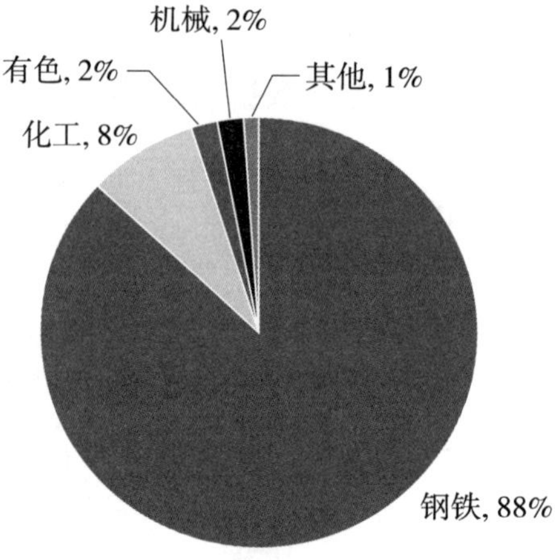

图 7-8　焦炭的消费构成

1. 焦炭进出口数据

目前，随着环保监管的趋严，焦炭出口量出现了下滑，而进口量则出现了上升，如图 7-9 所示。

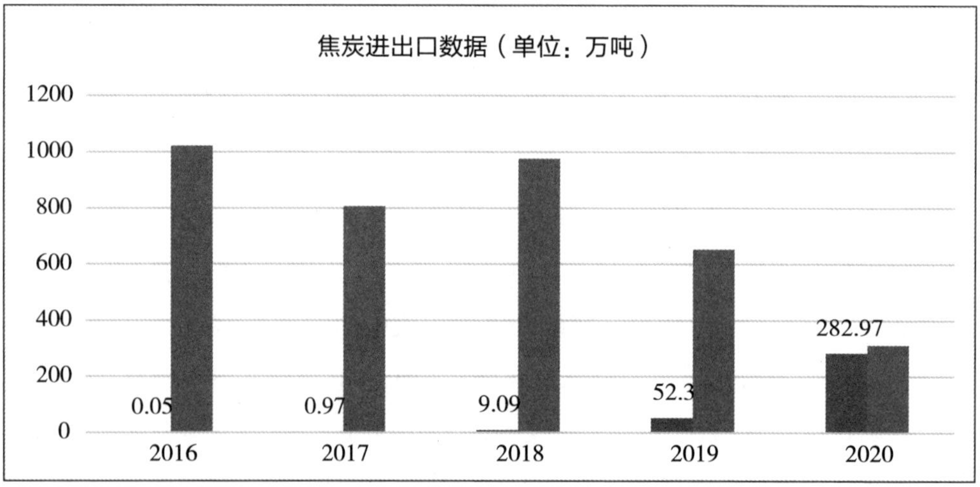

图 7-9　最近几年焦炭进出口量

从图 7-9 中可以看出，前几年，相对于出口数据，进口量非常少，几乎可以忽略不计。但最近两年出现了新的变化，即进口量开始增加，出口量开始减少，未来甚至存在进口量超越出口量的可能。

2. 焦炭出口国情况

从焦炭出口数据来看，随着焦化行业去产能化和环保监管的加强，国内焦炭供给与需求已经趋近于饱和，可供出口的焦炭数量越来越少。同时，焦炭出口对象国十分分散，且以亚洲国家为主，如日本、沙特等。各个国家的占比都不算太大，且各年或各季度的波动也比较大。

3. 焦炭进口国情况

随着国内焦炭供给与需求趋于饱和，未来可能会进一步寻求从国外进口焦炭。主要进口国包括俄罗斯、蒙古等国。日本是一个例外情况，2020 年以后，日本因疫情的影响，钢铁企业削减了产量，造成了焦炭过剩，并一度成为我国最大的焦炭进口来源国。

总之，从总量上来看，焦炭进出口数据都不算大。未来，随着环保监管的加强以及焦化行业去产能化的推进，出口量会进一步萎缩，而进口量可能会持续增加。传统的能源出口大国，如俄罗斯、澳大利亚、蒙古，都可能成为我国焦炭的进口来源国。

第三节　影响焦炭期货价格的因素

国家宏观经济环境和环保政策对焦炭价格走势会产生较为直接的影响，不过，这些政策更多地会在焦炭的上游或下游产生作用。另外，尽管焦炭行业去产能化，淘汰落后产能也会减弱供给量，但在淘汰落后产能过程中，也同步会有新增产能，而且目前每年新增产能还要高于淘汰的落后产能。综合来看，这部分因素对焦炭供给影响并不太大。

总之，对焦炭期货价格产生直接影响的因素包括以下几方面，如图 7–10 所示。

一、国家宏观经济环境

国家整个宏观经济环境，是推动焦炭市场价格变动的一个重要因素。通

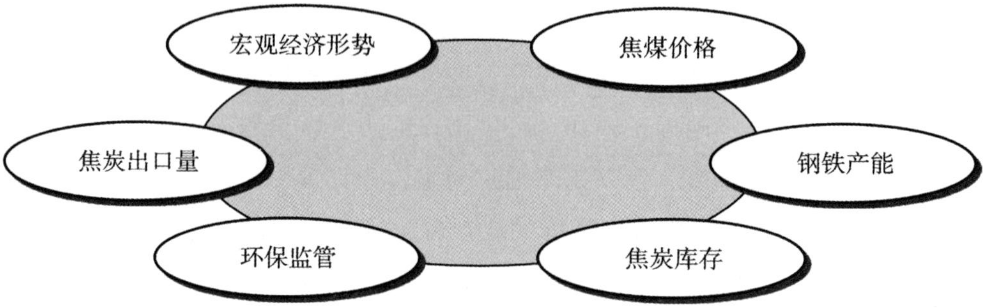

图 7-10 影响焦炭期货价格的因素

常来看，当经济处于上升趋势时，钢铁等行业需求旺盛，对上游焦炭的需求也会增加，势必会抬升焦炭的市场价格；反之，当经济处于衰退周期，钢铁等行业需求减弱时，对上游焦炭的需求就会减弱，从而促使焦炭价格下行。

下面来看一下焦炭加权的价格走势情况，如图 7-11 所示。

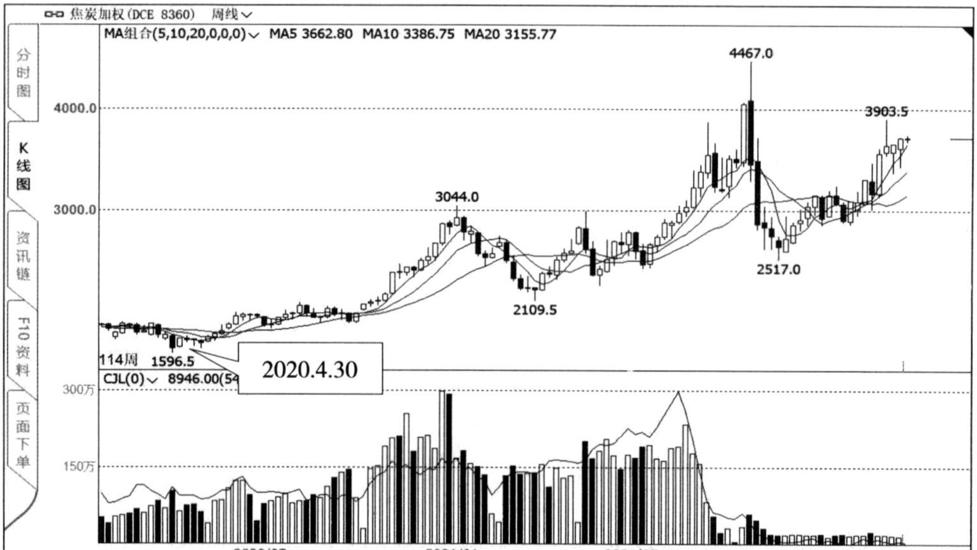

图 7-11 焦炭加权周 K 线走势图

如图 7-11 所示，焦炭价格自 2020 年 4 月底开启了一波超级牛市。其实，这是与国家宏观经济态势基本吻合的。2020 年年初，因受新冠疫情的影响，国民经济出现了一定的停滞，焦炭价格也同步走低。进入 2020 年 4 月之后，随着我国逐渐走出疫情影响，国民经济开始重新启动恢复走势，焦炭价格也同步出现了上扬。

二、焦煤的价格走势

焦煤是焦炭的直接上游，同时也是对焦炭成本影响最大的组成部分。因此，焦煤价格的走势在一定程度上会影响焦炭的的价格走势。

事实上，自从双焦期货（焦煤期货、焦炭期货）上市以来，两者的价格走势具有很大的关联性，两者具有同涨同跌的属性。

下面来看一下焦炭与焦煤叠加的价格走势情况，如图 7–12 所示。

如图 7–12 所示，焦炭价格走势与焦煤几乎同步，两者的价格波动形态基本一致，这说明两者具有较强的同涨同跌特征。由于焦煤属于焦炭的上游，焦煤价格的波动幅度也常常大于焦炭，对焦炭的价格会起到一定的引领作用。

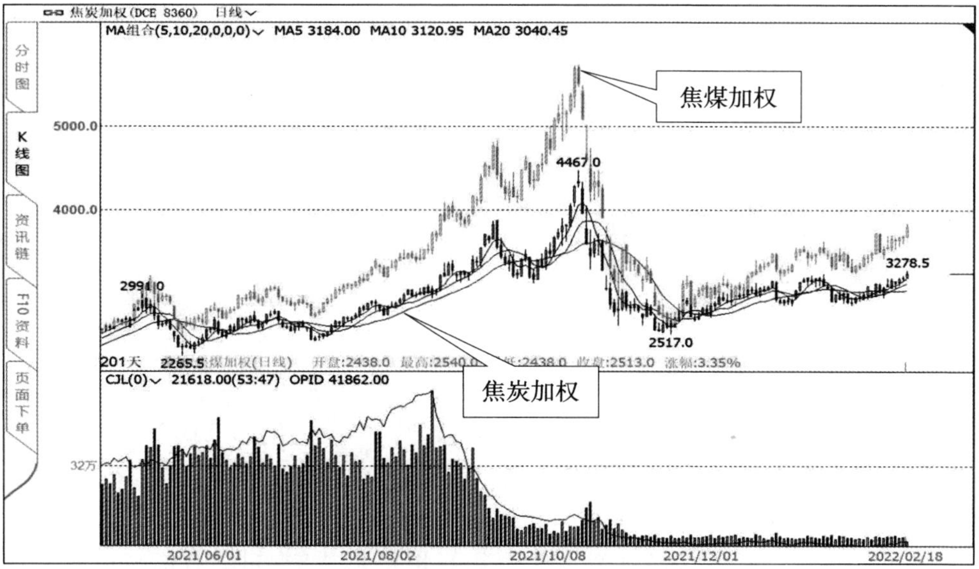

图 7–12　焦炭加权价格走势与焦煤加权价格走势

三、钢铁产能与价格情况

国家的宏观经济环境和宏观政策，在钢铁产能方面都会得以体现。焦炭又是高炉炼铁的重要原料，也是钢铁工业不可或缺的原料，因此钢铁产能会对焦炭价格产生较大的影响。

一般来看，钢铁需求与钢铁价格存在强关联关系。当钢铁需求旺盛时，钢铁价格会走高，引发钢铁行业产量增加，对焦炭的需求也会增加，从而推动焦炭价格上扬；反之，当钢铁价格走低，行业产量下滑，对焦炭的需求也会减弱，焦炭价格也会随之下行。当然，焦炭作为一种大宗商品，其价格走势还会受到很多其他方面因素的影响。

下面来看一下 2021 年生铁产量与焦炭价格的走势对比情况。

从图 7–13 中可以看出，尽管焦炭价格走势与生铁产量走势在一些时段的运行趋势基本吻合，但在 2021 年 5 月到 9 月期间，还是出现了明显的背离，即焦炭价格持续上升，生铁产量却出现了下滑。其实，这与当时市场上大宗商品价格出现普涨有关，很多资源类价格，包括各类煤炭价格都出现了较大幅度的上升。此时，钢铁产能对焦炭价格的影响相对较小。

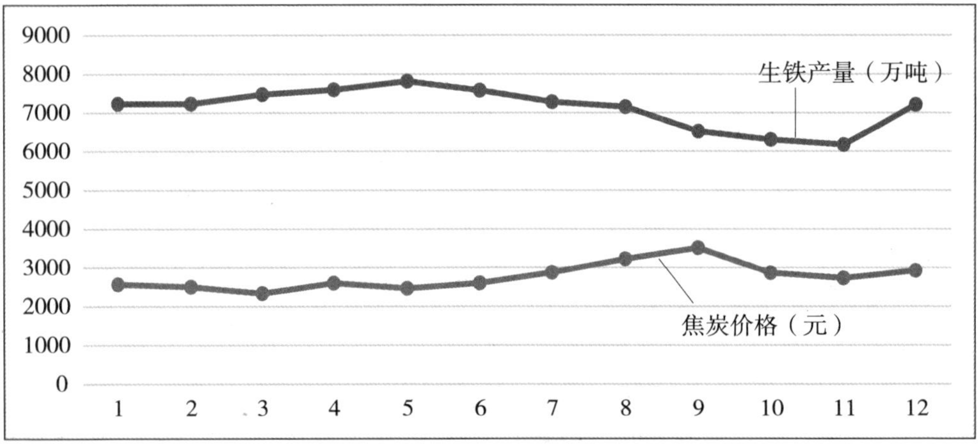

图 7–13　生铁产量与焦炭价格走势对比图（2021 年）

下面来看一下螺纹钢价格走势与焦炭价格走势的对比情况，如图 7–14 所示。

螺纹钢是典型的钢铁产品，也是焦炭的下游产品。其价格走势与焦炭的价格存在较为密切的关联。

图 7–14 所示为 2021 年 4 月到 2022 年 2 月螺纹钢与焦炭价格走势对比图。

从图中可以看出，在一些时段，螺纹钢的价格运行趋势与焦炭还是比较一致的，只是在 2021 年 5 月到 8 月期间，焦炭价格上升势头较猛，与螺纹钢的价格出现了一定的背离，其实这与之前的钢铁产量与焦炭价格背离都是一样的背景。

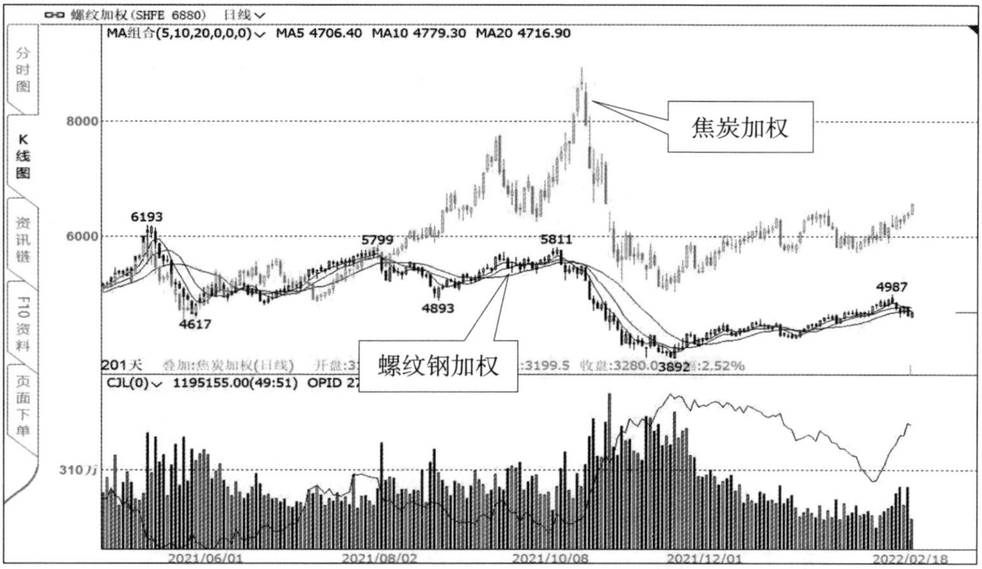

图 7-14 螺纹钢与焦炭价格走势对比图

四、焦炭库存量

焦炭库存量，是反映市场上焦炭供给与需求变化的一个重要指标。当库存量持续减少时，说明市场上的焦炭供给小于需求，价格存在上升的可能；反之，当库存量持续上升时，说明焦炭供给量开始大于需求量，焦炭价格短期承压。

下面来看一下最近几年焦炭的库存量情况，如图 7-15 所示。

从图 7-15 中可以看出，整个 2021 年，焦炭的库存量都处于明显的低位。特别是从 2021 年 4 月到 9 月期间，焦炭的库存量持续走低。联系之前焦炭期货价格走势，也可以发现，在 2021 年 5 月到 8 月期间，焦炭期货价格出现了较大幅度的上涨，而这波上涨恰恰与库存量走低有直接的关系。

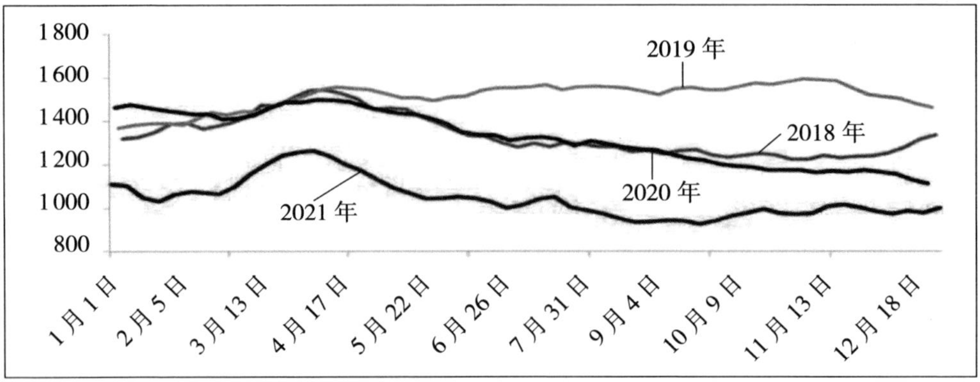

图 7-15　最近几年焦炭库存量统计数据（数据来源：MYSTEEL）

五、环保监管影响

随着全球气候变暖的影响，各国都强化了环保方面的政策。碳中和已经成为我国在环保领域的一个重要目标。而焦炭行业又是一个典型的高污染、高耗能行业。国家对焦化行业的产业发展是有严格的限制的。因此，国家环保监管的力度对焦化行业、焦炭的产能都会产生较大的影响。

六、焦炭出口政策

尽管最近两年受疫情和相关产业政策的影响，焦炭的出口量有所下降，但每年仍有几百万吨的焦炭出口到国外。因而，焦炭的出口情况势必会对国内焦炭的供需产生相应的影响。

对焦炭出口影响较大的因素包括如下几方面。

第一，焦炭出口政策，即国家限制出口还是鼓励出口的政策；

第二，焦炭关税，包括我国出口关税以及出口对象国的关税水平，都会对焦炭的出口产生较大的影响；

第三，国际贸易纠纷，比如各国之间的反倾销调查等；

第四，地缘政治形势以及其他突发事件（比如疫情等），也可能会给国际航运带来较大的影响，并进而影响焦炭的出口。

第四节　焦炭期货及交易要点

焦炭是钢铁工业不可或缺的原料，是“煤—焦—钢”产业链的中游，起到连接煤和钢铁纽带的作用。同时，由于我国是世界上最大的焦炭生产国和消费国，因此，满足产业链相关企业套期保值的需求，就成为设计焦炭期货的出发点。

焦炭期货的交易需要重点关注以下几个方面。

第一，焦炭期货合约以及交割；

第二，焦炭期货套期保值参与者；

第三，坚挺的套期保值操作；

第四，钢铁价格与焦炭期货价格变动；

第五，焦炭与焦煤区间套利操作。

一、焦炭期货合约及交割要点

在设计焦炭期货合约时，重点考虑了以下几方面内容，如图 7–16 所示。

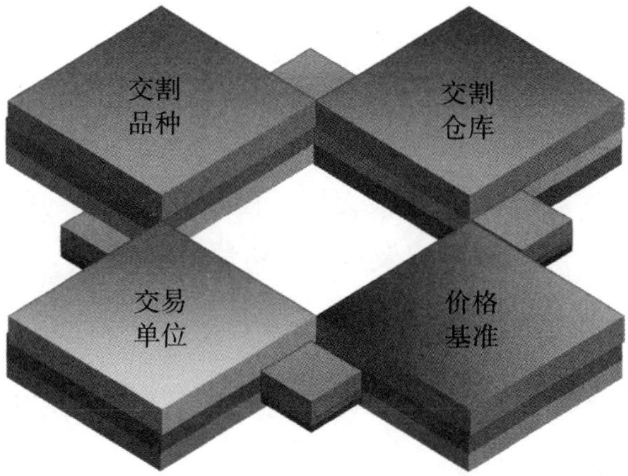

图 7–16　焦炭期货合约设计要点

1. 焦炭交割品种

焦炭，是高炉炼铁的主要原料。市场上，绝大多数的焦炭都被用于高炉炼铁，因而焦炭期货的标准品也是以满足高炉炼铁需求为准。同时，根据目前高炉炼铁的实际情况，以 1000 ～ 2000 立方米高炉适用焦煤为主，以 2000 立方米以上高炉适用为辅。这也是综合考虑我国大部分中小型钢铁企业是以 2000 立方米以下高炉为主的实际情况设计的。

2. 在焦炭仓库交割

以仓库交割与厂库交割并行的方式进行交割。仓库交割，以现货贸易集中的区域为交割地点，主要以港口仓库为主；厂库交割则以大型焦化企业的仓库作为交割基准地。在交割基准地域方面，以贸易活跃的华北地区为主，包括河北、山东、天津、江苏等。其中，天津港、日照港、连云港为仓库交割基准地，山东邹平、兖州、河北唐山、邢台、邯郸作为厂库交割基准地。

3. 交易单位设置

焦炭期货合约每手设置为 100 吨。相比于焦煤合约，焦炭合约明显更大。这主要基于国内焦炭的供给量和需求量都比较高，且参加套期保值的多为钢铁、焦化等资金量较大企业。

4. 焦炭合约价格基准

焦炭企业合约的基准价格由大商所确定，基准价参考了当前焦炭现货价格、现货企业远期估价及与焦炭价格相关性较强的钢材价格，并在数理建模估价的基础上确定。当然，在焦炭交易过程中，期货合约的报价不可避免地还会受到主观情绪、外界环境以及焦煤价格波动的影响。

二、焦炭市场套期保值的参与者

焦炭期货套期保值的参与者主要包括三类，如图 7–17 所示。

1. 生产商（焦化企业）

对于焦化生产企业来说，下游需求是自身难以控制的一个因素，而这个因素又对焦炭的市场价格产生较大的影响。因此，焦化生产企业为了锁定市

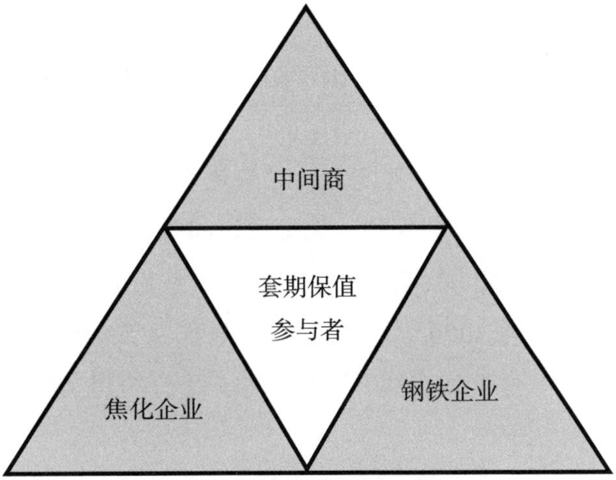

图 7-17 焦炭套期保值的参与者

场价格，防止价格波动对企业生产经营活动造成损失，就可以进行套期保值操作。

2. 中间商

事实上，焦炭进口商、贸易商等中间商对套期保值的需求更大。这些中间商持有一定库存后，就会特别担心焦炭价格走低，因而通过套期保值锁定价格对其是较为理想的选择。

3. 钢铁企业

钢铁企业需要的原料为焦炭，正处于焦化产业的下游。尽管有些大型钢铁企业建有附属或联营的焦化厂，但大多数中小型钢铁企业还需要外购焦炭。因此，锁定焦炭价格，控制生产成本，就是这些钢铁企业参与套期保值的初衷和目标。

三、焦炭期货的套期保值操作

焦炭的套期保值也需要遵守期货套期保值的基本规则，即数量相同、月份相近、方向相反原则。焦炭期货套期保值分为多头套期保值和空头套期保值两类。

1. 多头套期保值

焦炭多头进行套期保值，都是出于防止焦炭价大幅上升，进而侵蚀自身利润的目的而进行的。进行多头套期保值的参与方多为焦炭下游的钢铁企业。这些企业对焦炭的需求量都非常庞大，一旦焦炭价格出现波动，企业效益受到的影响也比较大。通过套期保值，无疑可以将焦炭价格波动风险降到最低。

比如，2022 年 1 月，某钢铁企业想要在 5 月份购入 10 万吨焦炭。此时市场上焦炭价格为每吨 3000 元。那么，该企业为了防止 5 月份焦炭价格大幅上扬，就可以在 1 月份做多买入 10 万吨 5 月份的焦炭期货合约（价格为每吨 3100 元）。

到了 5 月份，如果焦炭现货价格上涨至 3800 元每吨，5 月份焦炭期货合约的价格也上涨至 3850 元左右。该焦化企业可以将手中的期货合约平仓，现货市场每吨多花的 800 元，在期货市场补回了 750 元（不含手续费、佣金），也是不错的交易。

2. 空头套期保值

空头套期保值的参与者相对较多，主要包括焦化企业和中间商等。

比如，2022 年 1 月，某焦化企业计划在 5 月卖出 10 万吨焦炭。此时焦炭价格为每吨 3000 元。那么，该企业为了防止 5 月份焦炭价格大幅下跌，就可以在 1 月份做空卖出 10 万吨 5 月份的焦炭期货合约（价格为每吨 3100 元）。

到了 5 月份，如果焦炭现货价格下跌至 2500 元每吨，5 月份焦炭期货合约的价格也下跌至 2550 元左右。该焦化企业可以将手中的期货合约平仓，现货市场每吨赔的 500 元，在期货市场补回了 550 元（不含手续费、佣金），也是不错的交易。

四、钢铁指数与焦炭价格背离的操作技巧

在“煤—焦—钢”产业链中，钢铁位于整个产业链的下游，而焦炭位于中游。焦炭最主要的用途就是高炉炼铁，钢铁产业对焦炭的需求对焦炭价格走势会产生重要的影响。

在钢铁价格处于下行趋势时，钢铁企业生产积极性自然不高，产能也会下降，对焦炭的需求也会减弱，这就会促使焦炭价格下行；反之，当钢铁价格处于上升通道时，钢铁企业生产积极性就会被充分调动，产能上升，对焦炭的需求也会上升，焦炭价格自然就会上扬。

从理论上来看，两者具备很强的同向升降关系。不过，在现实的市场中，焦炭的库存量也是一个重要的调节系数。也就是说，当钢铁行业刚开始增加产能时，焦炭行业因为固有库存的存在而感知并不明显，但长期下来，最终还是会传递到焦炭供给端的，价格也会出现相应的变化。

从这点上来看，从大趋势上分析，两者最终会归于同向。但当两者走势出现不一致（背离）时，必然会在不远的将来引发某一类资产价格转向。其中，焦炭价格转向的概率更高，毕竟焦炭价格最终还是要受钢铁需求的影响。

下面来看一下焦炭与钢铁指数的日 K 线走势图，如图 7–18 所示。

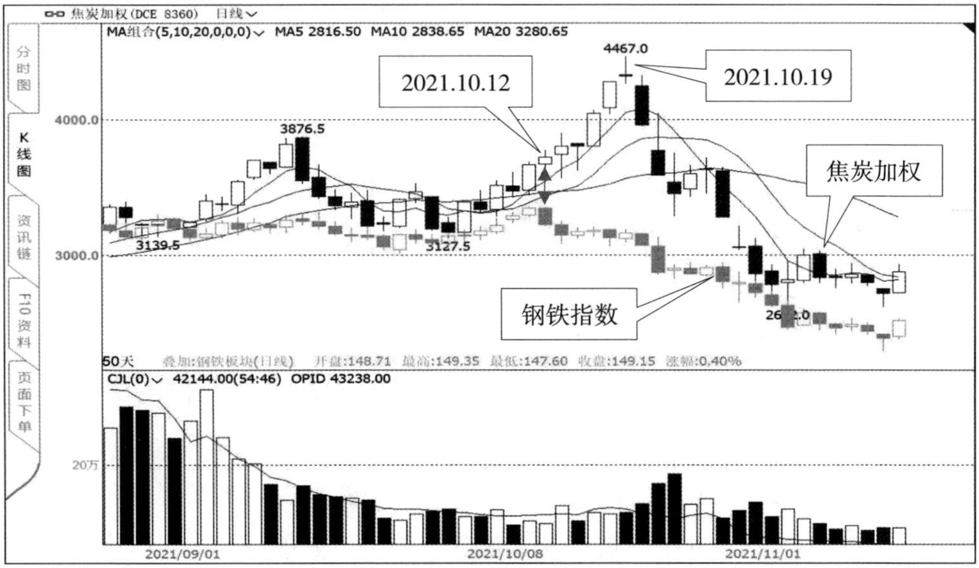

图 7–18　焦炭加权与钢铁指数走势对比图

如图 7–18 所示，焦炭期货与钢铁指数在 2021 年 10 月 12 日之前一直呈同向振荡态势。焦炭价格的波动要大于钢铁指数，这与焦炭产品本身的特点有关。

2021 年 10 月 12 日，焦炭价格延续之前的上升态势，而钢铁指数却反向出现了下跌。这意味着两者出现了背离，投资者需要密切关注两者其后的走势动态。此后，钢铁指数正式进入下行通道，而焦炭价格却保持了上升，这就意味着两者出现了背离。通过之前的分析可知，这种背离是不可能长久的。从钢铁指数走势来看，钢铁价格继续下跌的概率很大，那么，焦炭强势上攻势头必定无法持久。当前上升势头越猛，未来下跌的幅度可能会越大，毕竟钢铁指数的走势已经预示了未来焦炭的价格运行趋势。

10 月 19 日，焦炭价格触及 4467 点后开始进入下行通道，这意味着两者将结束背离。投资者可积极在此做空焦炭。

此后，两者同向下行，只是焦炭的下跌幅度更大。

五、焦炭与焦煤区间套利操作

焦炭是焦煤的直接下游。焦炭的成本与焦煤价格存在密切的关系。同时，焦炭的价格又受下游需求的影响而出现波动。不过，当焦炭与焦煤价格比值偏离过大时，市场就会出现自动调节，使两者重新回归正常的水平。

同时，由于两者的现货价格、期货价格相差不多，而且具有很高的相关性，且具备同涨同跌的特性，因此比较适合投资者进行区间套利操作。

套利操作的本质就是基于价差的投机。从理论上来说，两个商品价格之间应该保持相对稳定的价差。当两者之间的价差出现放大或缩小时，套利资金就会进入，进行套利操作，从而推动价差回到合理的区间之内。

下面来看一下焦炭加权和焦煤加权的价格走势情况。如图 7–19 所示。

从图 7–19 中可以看出，自 2021 年 9 中旬开始，焦炭期货合约的价格与焦煤期货合约同样经历了一波先下跌再上涨的过程。两者的价差也同样经历了由小到大、再由大到小的往复变化过程。这种价差的变化，其实非常有利于投资者进行跨品种套利操作。特别是 2021 年 11 月下旬，两者之间的价差开始放大，这就是一个绝佳的套利机会。投资者可执行“买入焦煤、卖出焦炭”期货操作，其后当价差回归正常时，执行平仓即可。

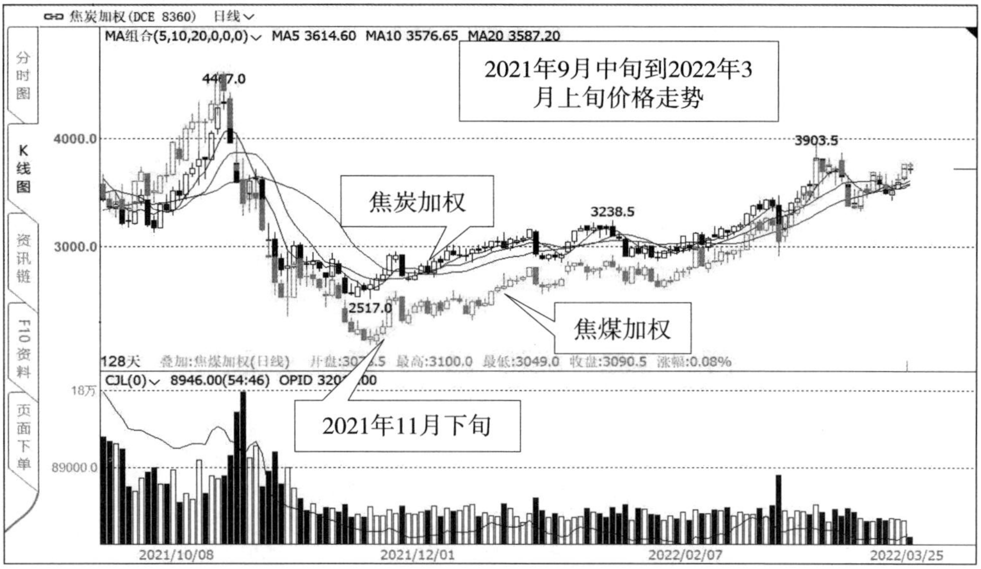

图 7-19 焦炭加权与焦煤加权的日 K 线走势图

第八章

动力煤期货基本分析策略

从广义上来讲，凡是以发电、机车推进、锅炉燃烧等产生动力和热力为目的使用的煤炭，都属于动力用煤的范畴，简称动力煤。与焦煤不同，动力煤属于另外一个具有特定用途的煤种。

第一节　动力煤及动力煤市场

相比于焦煤，动力煤属于另外一种专用煤炭。动力煤的用途非常广泛，对煤本身质量的要求重点在于煤特性和灰特性两个方面。

一、动力煤及动力煤分布

前面在介绍焦煤时，曾经涉及了煤炭的分类。事实上，在整个煤炭大家族中，除了可以作为焦煤等特殊用途的煤炭外，其他很多煤种基本都可以作为动力煤。具体说来，动力煤主要包括褐煤、长焰煤、不黏煤、贫煤、气煤以及少量的无烟煤等。

1. 动力煤的储量

在我国煤炭资源中，动力煤储量占煤炭总储量的 80% 以上。而在动力煤内部，各个煤种的分布也并不均衡，各类煤种的储量占比如图 8-1 所示。

从图 8-1 中可以看出，不粘煤为动力煤领域中储量最为丰富的一个煤种，其次为长焰煤、褐煤、无烟煤。

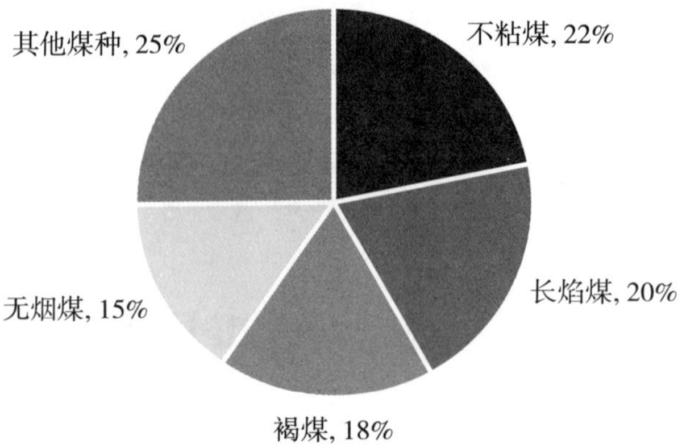

图 8-1 动力煤储量构成

2. 动力煤的用途

一般来说，动力煤最主要的用途包括但不限于以下几个领域，如图 8-2 所示。

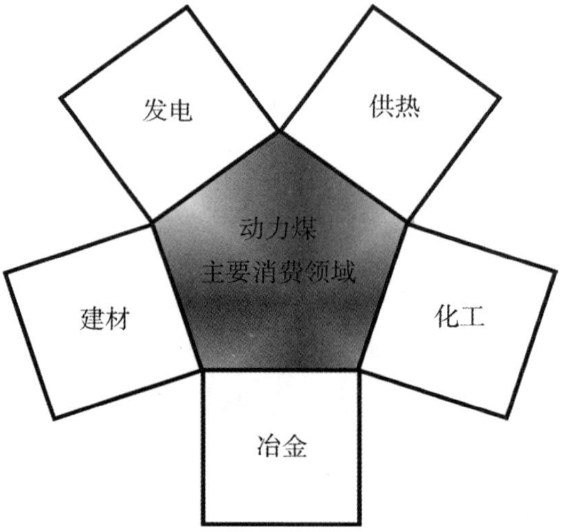

图 8-2 动力煤的主要消费领域

动力煤最主要的用途还是为火力发电厂提供燃料。在建材领域，最主要的用途还是在水泥生产领域。

二、动力煤产业链

若以动力煤来划分产业链，则可以大致分成这样几个环节。

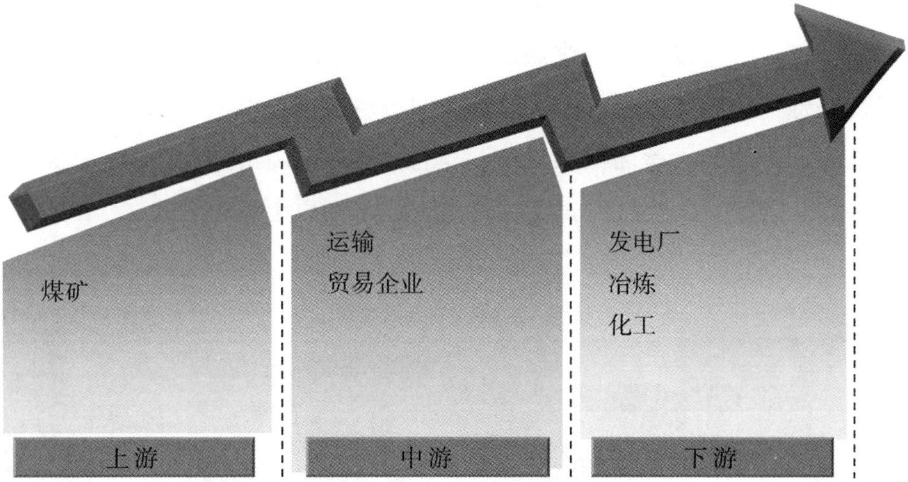

图 8-3 动力煤整个产业链

1. 上游：煤矿

动力煤的挖掘与开采具有显著的地域特征。在我国主要分布在华北、西北等地。正是这些地区的动力煤矿产，保证了我国动力煤的需求。

不过，近年来，面对煤价的波动，很多煤矿企业都出现了利润下滑甚至亏损的情况，这使得很多煤矿企业存在利用期货进行套期保值的需求。

2. 中游：运输

动力煤最主要的应用领域就是火力发电。发电厂的建设除了考虑靠近原料产地外，还要考虑靠近消费市场，因而在华东、华南、东南等煤炭资源不丰富地区也建有火电厂，这就使得煤炭的运输、仓库和贸易商成了动力煤产业链中重要的一环。

3. 下游：发电厂与水泥行业

动力煤最直接的下游就是火力发电厂以及以水泥为代表的建材企业。动力煤很大一部分被用来发电，其他的则被水泥企业使用。当然，冶金、化工等企业也需要用到一部分动力煤以提供燃料，但总量并不大。

总之，关注动力煤的下游产业，重点还是放在发电厂和水泥厂两大领域。

三、国际与国内动力煤指数

动力煤指数是反映某一区域动力煤价格的指数。国际上的动力煤价格指数可以作为煤炭贸易的参考价格以及掉期市场的结算标准。

目前，全球几大著名的煤炭贸易集散地都推出了能够指导动力煤交易的指导性价格指数。比较有代表性的价格指数包括以下几个。

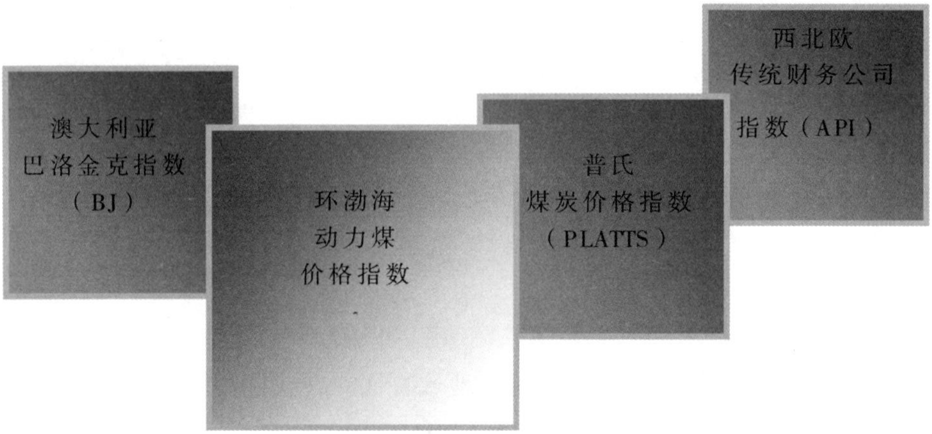

图 8-4　四种典型的动力煤价格指数

1. 澳大利亚巴洛金克指数

巴洛金克指数是澳大利亚巴洛金克公司（Barlow Jonker Pty Ltd）以纽卡斯特港为发货港的动力煤价格指数，简称 BJ 指数。该指数每周发布一次，可以作为澳大利亚煤炭现货价格谈判的重要参考依据。该指数由巴洛金克公司在 1986 年编制，在亚洲动力煤市场应用比较广泛。

2. 西北欧动力煤指数 API2

API2 价格指数是阿格斯公司（Argus）以到货港荷兰的阿姆斯特丹、鹿特丹和比利时的安特卫普三个港口煤炭价格为基础编制的动力煤价格指数。每周和每月都会发布，反映了直接成交价格，也反映了交易双方期望的价格。

3. 普氏煤炭价格指数

普氏公司是世界上著名的专门从事能源信息和咨询的公司，该指数发布的有关煤炭的价格信息主要分为两大类别。

第一大类为美国煤炭价格信息，包括每日美国的“柜台煤炭交易市场”煤炭估价，每周对美国主要产煤区各季度和一年远期实物交割煤炭合同的煤炭价格进行估计。

第二大类为国际煤炭价格信息，包括每周公布全球主要煤炭发运地 180 天内发货的动力煤现货价格评价值；每周公布 5 个重要发货点的 3 个月远期和季度远期的重要动力煤价格估价，以及 8 个主要发货点 90 天内发货的现货实物交割价格。

4. 环渤海煤炭价格指数

环渤海价格指数是我国最重要的动力煤价格指数，是反映环渤海港口动力煤的离岸平仓价格水平（到港后装上船价格）以及波动情况的指数体系的总称，素有“煤炭价格风向标”之称。

环渤海港口：指纳入环渤海动力煤价格指数体系的港口，包括秦皇岛港、黄骅港、天津港、京唐港、国投京唐港和曹妃甸港六个港口，也称代表港口。

该指数每周三发布，目前已经成为动力煤交易重要参考价格和动力煤期货市场的基准价格。

第二节　动力煤基本供需分析

动力煤的供给与需求，是决定其价格走势的最重要因素。下面从供给与需求两个方面来分析动力煤的市场情况。

一、煤炭的全球供给

动力煤是整个煤炭领域中最大的一个分支，几乎整个煤炭资源中的 80% 都属于动力煤。因而，了解了煤炭资源的全球分布与产量，就相当于了解了动力煤的分布和产量情况。比如，2020 年，全球煤炭产量为 75.75 亿吨，而动力煤就占了 57.07 亿吨，占比达到 75.34%。

1. 全球煤炭分布情况

截至 2020 年年底，全球已经探明的煤炭总储量为 1.07 万亿吨，其分布区域并不均衡，几个产煤区的储量占比如图 8-5 所示。

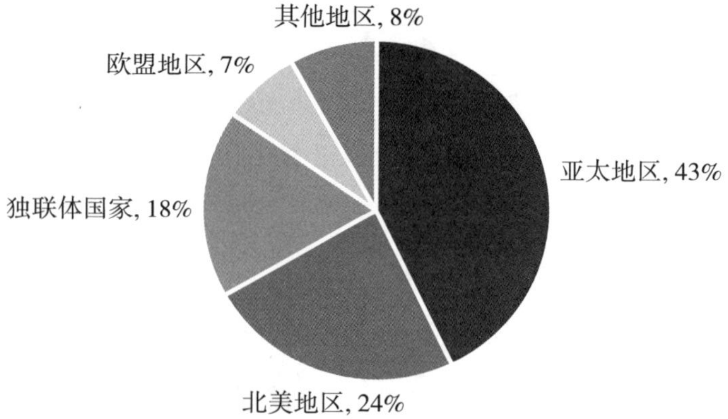

图 8-5　煤炭全球分布情况

从分布地区来看，亚太地区无疑是煤炭资源储量最为丰富的地区，北美次之。若从国家来看，全球煤炭资源储量前五的国家如图 8-6 所示。

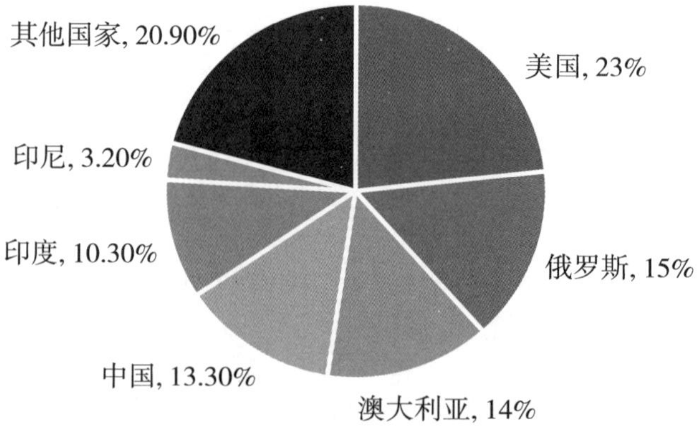

图 8-6　各国煤炭分布情况

从煤炭资源各国分布情况来看，美国无疑是煤炭资源最为丰富的国家，其次为俄罗斯、澳大利亚和中国。

2. 全球煤炭产量

最近几年的全球煤炭产量情况如图 8-7 所示。

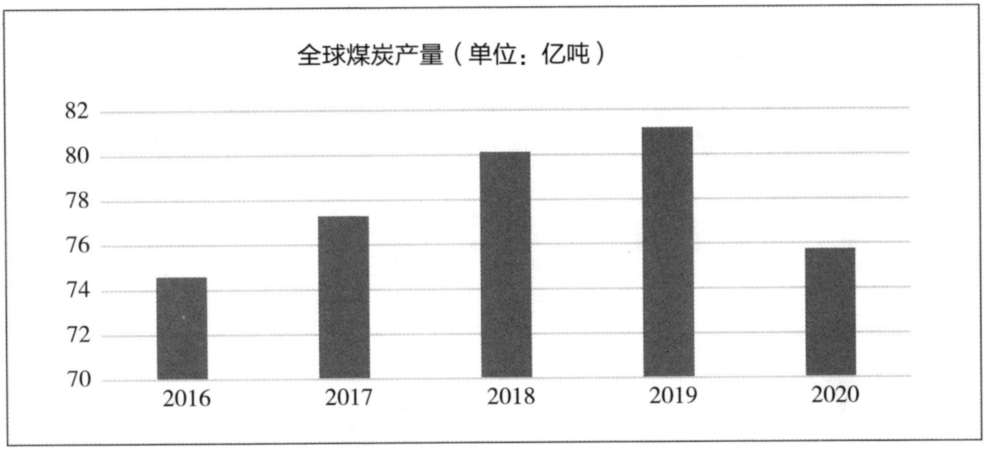

图 8-7　最近几年全球煤炭产量

从最近几年的煤炭产量来看，经过几年短暂的上升后，2020 年因受疫情的影响，全球煤炭产量出现了一定的下滑。

从具体的国家来看，全球煤炭产量最大的几个国家如图 8-8 所示。

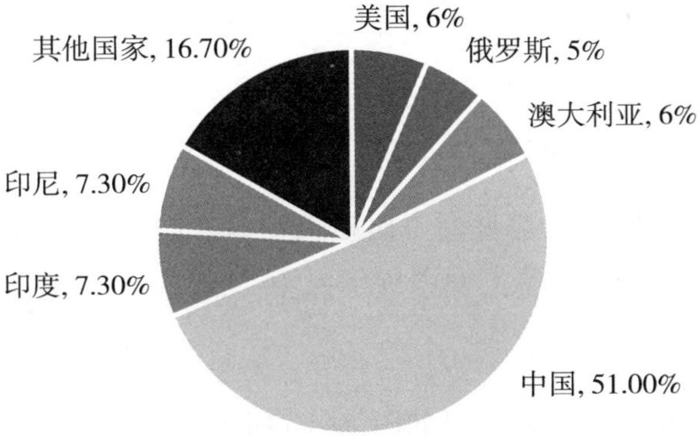

图 8-8　各国煤炭产量占比情况

从图 8-8 中可以看出，中国的产量占比超过了全球产量的一半，属于名副其实的煤炭大国。不过，这也反映出我国对煤炭资源依赖较大，未来仍有很大的优化空间。

3. 全球煤炭出口国情况

截至 2020 年，全球煤炭的主要出口国包括以下几个，如图 8-9 所示。

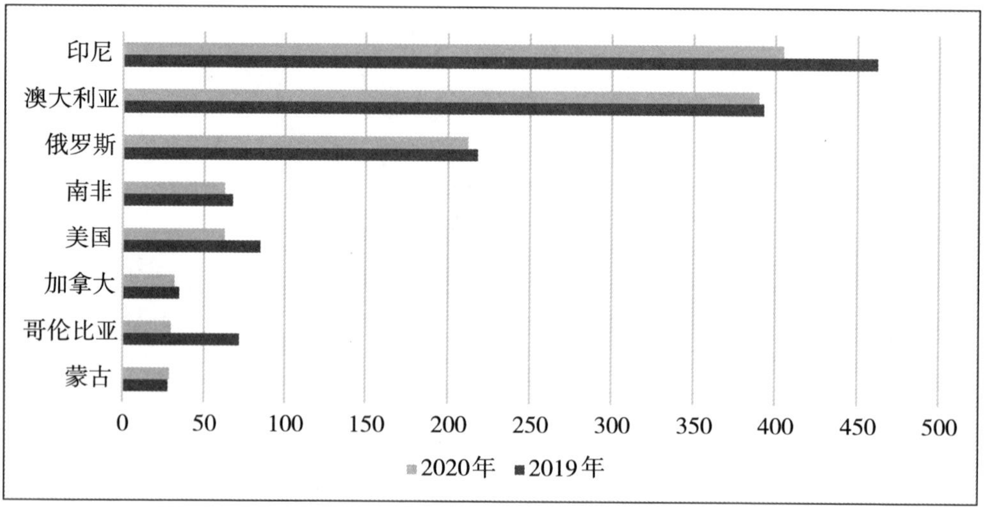

图 8-9　2019 年与 2020 年主要煤炭出口国数据

从图 8-9 中可以看出，印尼、澳大利亚、俄罗斯、美国都属于较大的煤炭出口国。印尼出口的煤炭以动力煤居多。排名第九的蒙古也是值得关注的一个国家，毕竟蒙古的煤炭储量在世界煤炭总储量占比并不高（0.2%），但也成为了煤炭出口国。

二、煤炭的全球需求

在世界能源消费中，煤炭的占比是较高的，这也就意味着全球对煤炭的需求也是非常高的，特别是一些发展中国家，对煤炭的需求更多。

1. 全球煤炭消费情况

最近几年全球煤炭消费情况如图 8-10 所示。

从全球煤炭消费情况来看，最近两年出现了明显的下滑，这与新型能源的广泛应用有直接的关系。同时，2020 年以后，全球受疫情的影响，导致了能源消费下行。

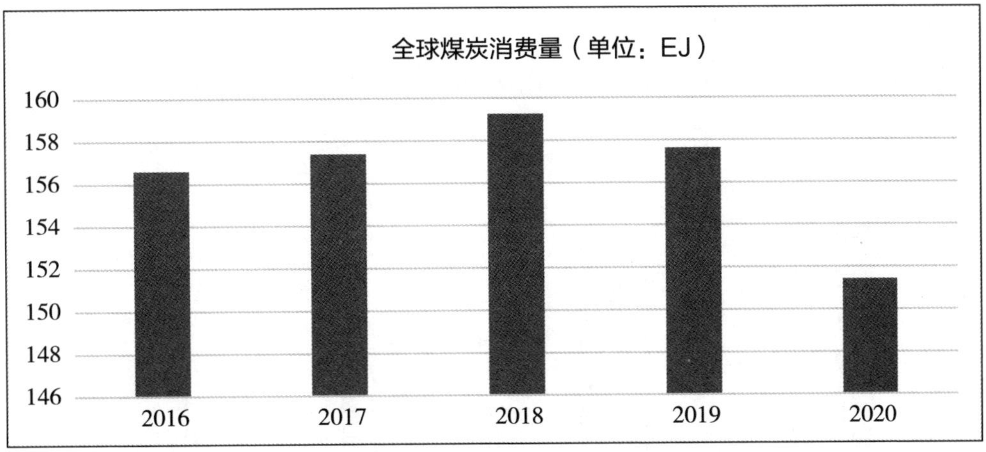

图 8-10　最近几年全球煤炭消费量

2. 全球煤炭消费国家占比

从具体的国家来看，全球煤炭需求量最大的几个国家如图 8-11 所示。

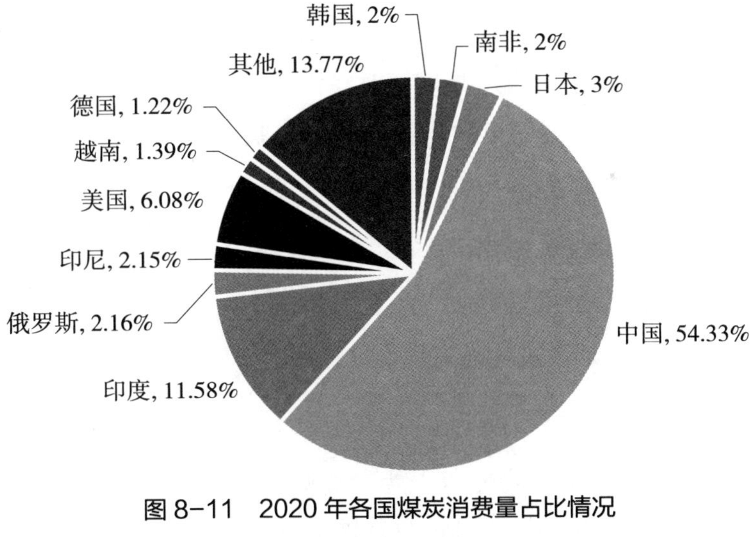

图 8-11　2020 年各国煤炭消费量占比情况

从图 8-11 中可以看出，中国煤炭消费量占世界全部消费量的一半以上，而且还要高于煤炭产量的占比，这也就意味着尽管我国煤炭产量占世界一半以上，仍需要加大煤炭进口。

3. 全球煤炭主要进口国

全球煤炭主要进口国在最近几年的进口煤炭数据如图 8–12 所示。

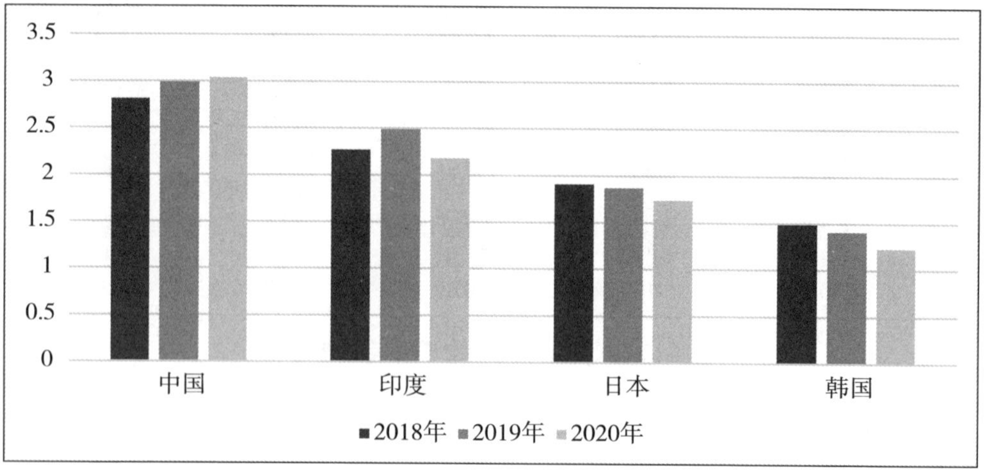

图 8–12　世界前四大煤炭进口国进口数据（单位：亿吨）

从世界前四大煤炭进口国数据来看，除了中国持续增长外，其他国家在 2020 年都出现了明显下滑，这与疫情对经济的影响直接相关。同时，韩国和日本属于连续下滑，一方面反映出其经济运行状况可能不理想，另一方面也与新能源的利用有关。

三、国内动力煤供给分析

由于中国是世界上最大的煤炭生产国和消费国，其整个煤炭供给量对世界煤炭价格也会产生较大的影响。

1. 动力煤产量

目前国内煤炭产量的 80% 以上为动力煤，2020 年国内煤炭产量突破了 40 亿吨大关。最近几年动力煤的产量如图 8–13 所示。

从图 8–13 中可以看出，最近几年，随着煤炭总产量的增加，动力煤产量也处于逐年上升的态势，这与国内经济发展态势持续上升密不可分。

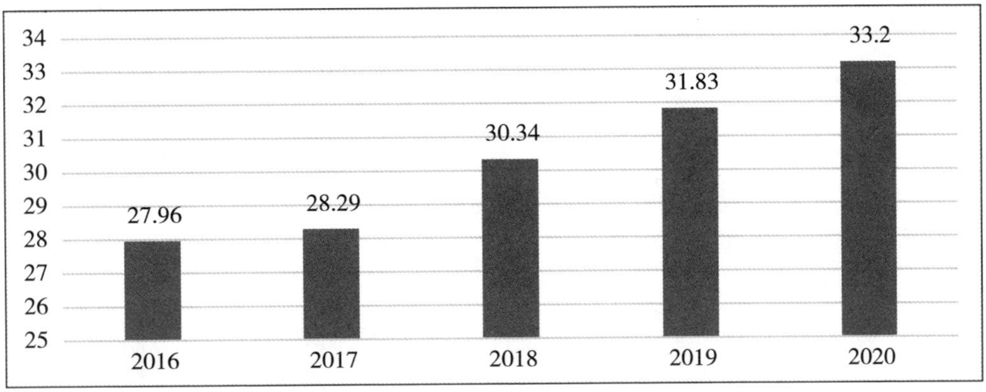

图 8-13　最近几年中国动力煤产量

2. 动力煤资源分布

我国动力煤资源储量还是比较丰富的，但分布却极不均衡，各大地区的储量占比如图 8-14 所示。

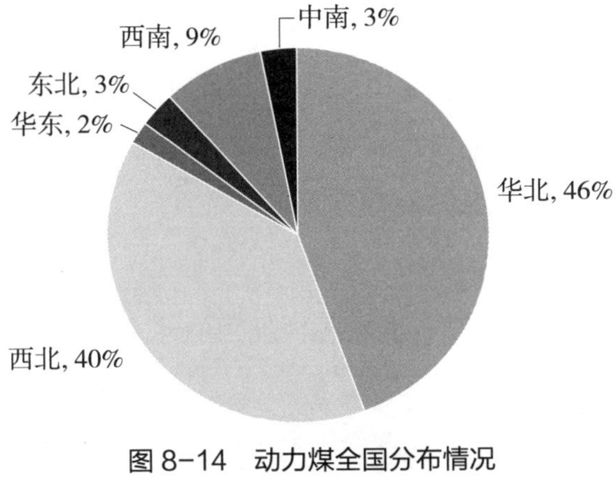

图 8-14　动力煤全国分布情况

从动力煤全国分布数据来看，华北和西北属于动力煤的主要产区。而作为经济发达的华东地区，动力煤分布极少，需要大量从外购入。

目前，动力煤产量较多的企业主要包括神华集团、中煤集团、大同煤矿集团、山西焦煤等。

四、国内动力煤需求分析

由于国民经济的持续快速发展，对动力煤的需求也持续走高。

1. 动力煤消费量

最近几年动力煤消费数据如图 8-15 所示。

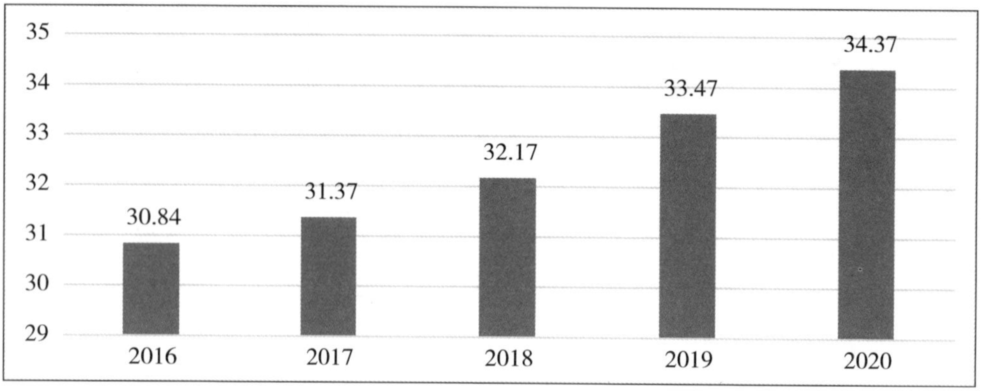

图 8-15　最近几年中国动力煤消费量（单位：亿吨）

从动力煤消费量来看，最近几年一直呈现了上升态势。在国民经济发展过程中，对电力的需求量还是非常大，尽管最近几年国家加大了对新能源的投入，但火力发电在短期内仍很难被取代。

2. 动力煤消费领域

以 2020 年为例，动力煤各消费领域耗用的动力煤占比如图 8-16 所示。

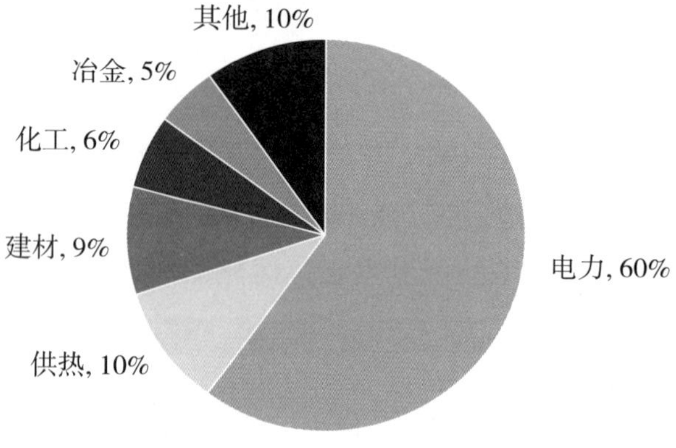

图 8-16　动力煤消费领域占比情况

从图 8–16 中可以看出，电力仍是动力煤最主要的消费领域，而供热、建材等领域也消耗了一定的动力煤。不过，未来随着以太阳能为代表的新能源的广泛应用，火力发电的增长空间势必会变小，这也是动力煤消费领域一个比较大的变数。

五、动力煤进出口分析

通过前面的介绍可知，中国是动力煤最大的消费国和生产国。本身国内煤炭供给是没有问题的，但从长远的能源战略考虑，加之最近几年在煤炭领域实行去产能化措施，使得相对于需求，供给量出现了一定的缺口，这个缺口就需要通过进口来补充。换句话说，目前的动力煤市场，进口煤已经是国内动力煤供给的重要组成部分了。

1. 动力煤进口量

随着国内动力煤需求的增长，最近几年动力煤进口量呈现了持续增长态势。最近几年动力煤进口量（含褐煤）如图 8–17 所示。

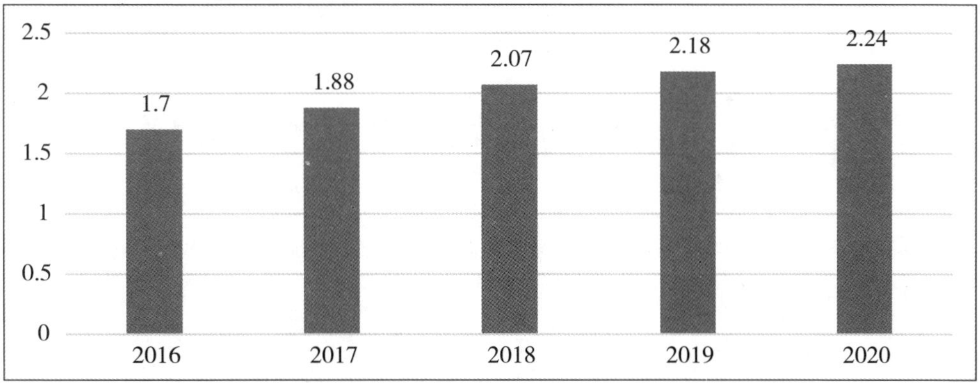

图 8–17　最近几年中国动力煤进口量（单位：亿吨）

从图 8–17 中可以看出，最近几年，我国动力煤进口量逐年递增，而且未来还可能会进一步增加。

2. 动力煤进口来源国

2020 年，我国进口的动力煤总量达到了 2.24 亿吨。动力煤的主要来源国包括以下几个，如图 8-18 所示。

从图 8-18 中可以看出，我国的进口动力煤最大来源国为印尼，其次为澳大利亚。不过，由于中国与澳大利亚经贸关系偏紧张，未来澳大利亚的煤炭进口存在很大的变数。当然，由于蒙古、俄罗斯等国的煤炭资源也比较丰富，从澳大利亚减少的进口量会从其他国家增补上来。

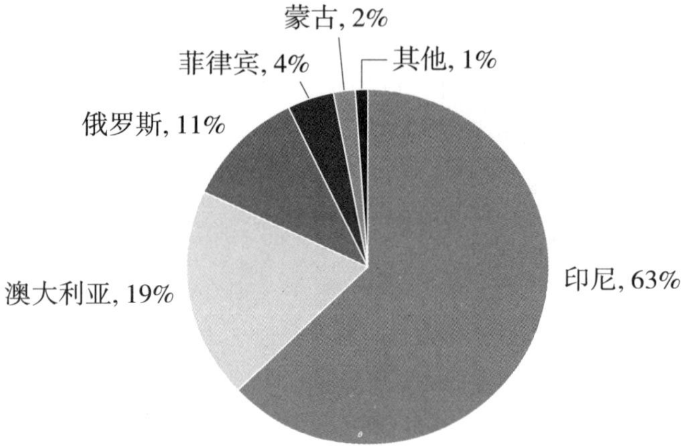

图 8-18　动力煤进口国占比情况（2020 年）

第三节　影响动力煤期货价格的因素

影响动力煤期货价格波动的因素，除了基本的供需外，还与以下几个因素有关，如图 8-19 所示。

一、国家产业政策

事实上，国家产业政策对动力煤的价格也会产生较大的影响。这种影响包括两方面，其一，国家对钢铁行业的相关政策；其二，国家对煤炭行业的政策以及煤炭进出口政策。

1. 国家钢铁政策

从目前的环境来看，在未来数年内，火电厂仍将会延续经营。但由于碳

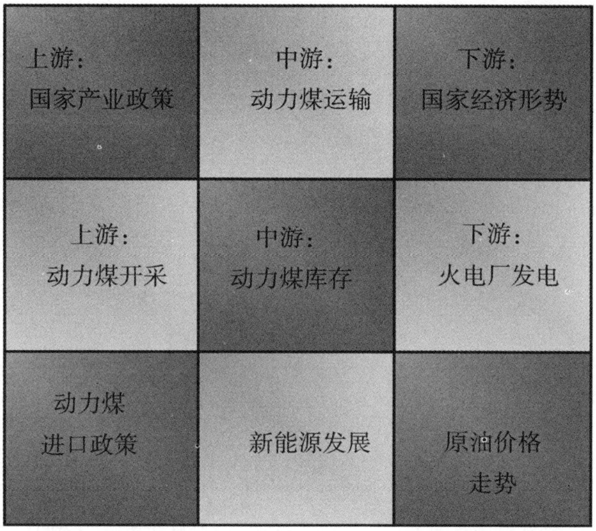

图 8-19　动力煤期货价格波动影响因素

中和战略的推行，逐步减少火电厂将会成为未来的主要方向，这在一定程度上势必会限制动力煤的需求量。

2. 国家煤炭政策

由于煤炭资源属于典型的不可再生资源，因而国家对煤炭资源的政策也经历了几次较大的调整。从以前的鼓励扩大产能，到目前的压缩煤炭消费总量，提升清洁能源比重的转变。在煤炭产业的进出口政策方面也经历了较大的调整。2004 年以前，我国煤炭产业属于粗放型发展阶段，整体上供大于求，国家积极鼓励煤炭出口，并提供了出口退税等优惠扶持政策。2004 年以后，随着我国经济的高速发展，煤炭供给不能满足需求，煤炭进出口政策也开始从鼓励出口转为控制出口，刺激进口。2010 年以后，我国从煤炭净出口国转为净进口国，并对进口煤炭的质量进行精细化管控。同时，国家也会根据国内煤炭供需状况，适时调整煤炭进口政策。

二、国家宏观经济形势

国家整个宏观经济环境，也是推动动力煤市场价格变动的一个重要因素。通常来看，当经济处于上升趋势时，下游电力需求旺盛，对上游动力煤的需求也会增加，势必会抬升动力煤的市场价格；反之，当经济处于衰退周期，各个产业需求减弱，电力消耗下降，对上游动力煤的需求就会减弱，从而促使动力煤价格下行。

下面来看一下动力煤加权的价格走势情况，如图 8–20 所示。

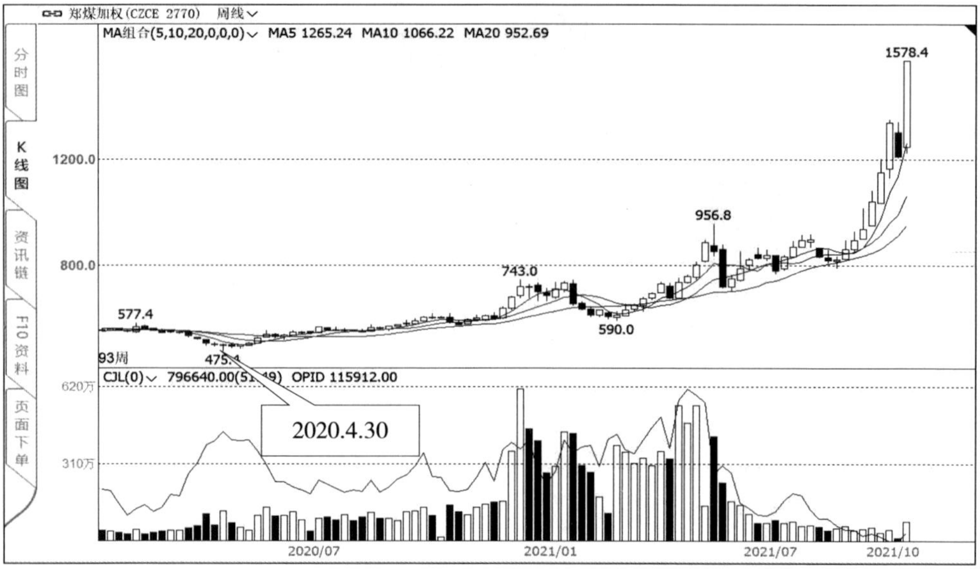

图 8–20 动力煤加权周 K 线走势图

如图 8–20 所示，动力煤的价格自 2020 年 4 月底开启了一波超级牛市，这是与国家宏观经济态势基本吻合的。2020 年年初，因受新冠疫情的影响，国民经济出现了一定的停滞，动力煤的价格也同步走低。进入 2020 年 4 月之后，随着我国逐渐走出疫情影响，国民经济开始重新启动恢复走势，动力煤价格也同步出现了上扬。

三、动力煤开采情况

动力煤尽管我国储量较多，但毕竟储量相对是固定的。当其开采量达到一定水平时，继续上升就会变得非常困难。甚至随着开采量的增加，未来年度开采量下降也会成为一种大趋势。国家能源局就曾表示，目前我国煤炭开采量已经达到了一个极致水平。

总之，动力煤的开采对整个动力煤的供给会产生直接的影响，更会影响整个市场动力煤的价格走势。

四、火电厂发电量

动力煤最大的用途就是发电。随着国民经济的发展，国家用电量肯定会呈现逐渐上升态势。因而，火电厂的发电量数据就是动力煤需求变动的主要支撑力量。

通常来看，火电厂发电量上升，对动力煤需求就会增加，动力煤价格走势就会趋于强势；反之，则会趋于弱势。

下面来看一下最近几年火电厂发电量数据，如图 8-21 所示。

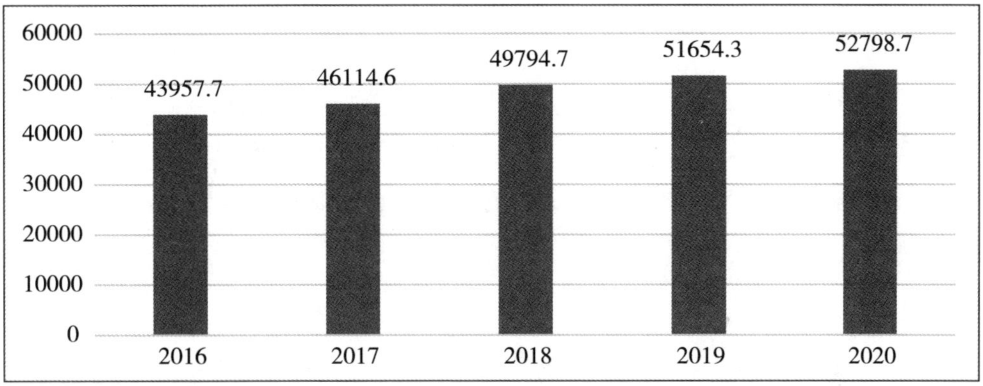

图 8-21　最近几年火力发电厂发电量（单位：亿千瓦时）

从图 8-21 中可以看出，尽管最近几年新能源发电量逐渐提升，但火电厂的发电量也在提升，这更加说明我国电力需求缺口还是很大的。新能源发电在短期内还难以代替火力发电的地位，未来几年，火电厂对动力煤的需求仍可能处于高位。

五、动力煤库存量

动力煤库存量是反映动力煤供需变动的指标。库存量减少，说明供给压力加大，价格有望上行；反之，价格有可能会下行。

总之，动力煤库存数据，也常常成为动力煤价格波动的一个风向标。

动力煤库存，是保障动力煤供应的关键指标，一般包括如下几个组成部分，如图 8-22 所示。

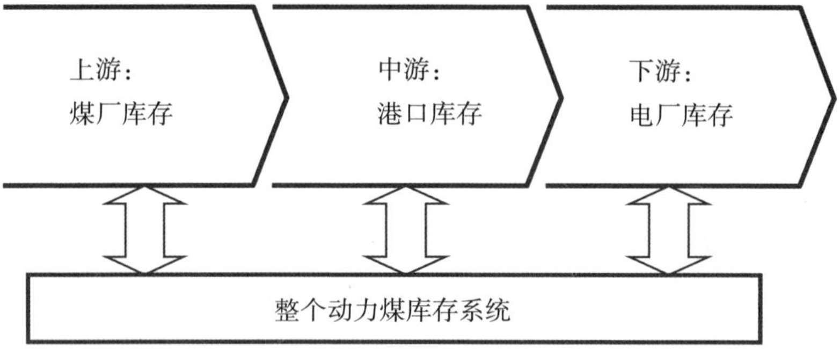

图 8-22　动力煤库存组成部分

1. 上游：煤厂库存

动力煤煤矿主要分布在山西、陕西、内蒙古、新疆等地，因而这些地方重点煤矿的库存量数据变化情况，在一定程度上可以反映动力煤供给端的变动情况。若这些地区大部分煤矿的库存数据降低，则意味着动力煤供应将面临压力。

2. 中游：港口库存

港口库存是目前动力煤库存的重要组成部分。在煤运体系中，北方港口由秦皇岛港、天津港、黄骅港、日照港、唐山港、青岛港、连云港等 7 大装船港组成。南方港口由广州港、钦州港和防城港组成。

各个港口动力煤库存量变化，对动力煤价格也会产生较大的影响。投资者可通过煤炭信息网等专业的网站查询最新的各个港口的动力煤库存数据。

3. 下游：电厂库存

由于火力发电厂遍布全国各地，很难掌握每家电厂的具体煤炭库存数据。不过，一些与煤炭能源有关的信息门户网站，还是可以监测到全国重点电厂的煤炭库存数据的。这类数据一般包括两类：其一，重点电厂煤炭库存量；其二，重点电厂库存煤炭可用天数。

这是两个非常重要的数据，一旦两个数据同步走低，则意味着动力煤供给出现了问题，价格存在上升的可能。

六、动力煤进口政策

我国自 2003 年创下 9402 万吨煤炭出口纪录后，2004 年 4 月开始，国家根据经济发展规划，出台了一系列鼓励煤炭进口、控制出口的贸易政策。其后，煤炭进口量逐年增加，出口逐渐萎缩，并在 2011 年超越日本成为全球最大的煤炭进口国。仅 2020 年，我国进口的动力煤总量达到了 2.24 亿吨。在我国动力煤供需结构中，进口动力煤所起的作用也越来越大，而煤炭进口政策以及相关贸易政策的调整，就可能会为动力煤市场带来一定的冲击。

投资者尤其需要关注这样几类政策。

第一，动力煤进口政策。在国内供应平稳的情况下，进口煤政策就显得尤为重要。目前，我国仍然严格执行煤炭进口限制措施，加强进口煤质量监管，且对全年进口量予以配额限制，不允许异地报关。这些进口配额的调整与变动，都可能会对动力煤进口产生较大的影响，并进而影响动力煤价格。

第二，地缘政治冲突的增加，对各国贸易也会产生较大的影响。比如，在澳大利亚与我国出现贸易纠纷时，自澳大利亚进口的煤炭量锐减，甚至归零。澳大利亚是我国第二大煤炭进口来源国，势必对煤炭进口产生一定的影响。不过，这种影响到底能对动力煤价格产生多大的冲击，还要看其他进口国能否填补这个国家的空缺。比如，因暂停澳大利亚煤炭进口而减少的进口量，迅速被印尼、蒙古等国给填补，这对动力煤的价格影响就会十分有限。

七、动力煤运输

目前，在动力煤价格构成中，生产成本、运输成本以及利润是最主要的三大构成要素，而运输成本又是其中最大的一部分。由于我国煤炭资源分布并不均衡，主要集中于华北、西北、东北等地区，而经济发达的东南部地区煤炭资源却十分短缺。东南部地区需要的煤炭只能从外部运输，而煤炭本身的特征，使其运输大多需要通过铁路或轮船运输。因此，铁路和轮船的运输能力、运费都会对煤炭的价格起到重要的影响。

八、新能源发电装机容量

随着全球气候变暖趋势越来越严峻，各国新能源的投入力度都将逐渐加大。利用新能源发电，并逐渐加大新能源发电的装机容量，将成为未来主要的趋势。新能源发电装机容量的增加，势必会挤占传统火电厂的发电市场，并进而传导至对动力煤的需求。

当然，新能源发电并不是能够一蹴而就的，新能源替代传统火力发电还需要一个很长的过程。从目前火力发电量还处于上升态势来看，国内电力需求的增长速度还是非常快的，国内新能源的装机速度未来有望进一步提升。

下面先来看一下 2020 年第一季度各类发电厂的发电占比，如图 8-23 所示。

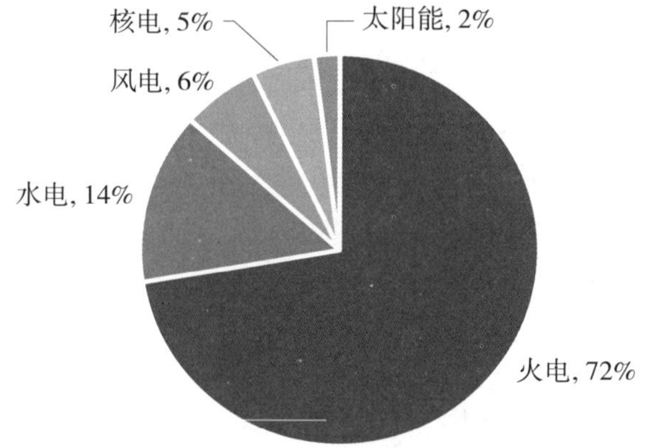

图 8-23　各类电厂发电量占比情况（2020 年）

从图 8-23 中可以看出，火电厂的发电量在电力供给端的贡献度超过了 72%，这是一个相当高的比重。而包括水电、核电、太阳能等新能源的发电量占比还比较低，特别是作为重点发展方向的风能、太阳能发电量占比还非常低，未来仍有很大的提升空间。

下面再来看一下各类电厂最近几年新增装机容量情况，如图 8-24 所示。

从图 8-24 中可以看出，尽管火电厂并不属于新能源范畴，但为了保证电力供应，最近几年，火电厂的装机容量也处于高位。这从侧面说明最近几年国内电力需求缺口还是很大的。与此同时，新能源电厂，特别是风电、太阳能装机容量出现了爆发式增长。若未来新能源发电装机容量出现大幅上升，势必会挤压火电厂的装机容量，从而降低对动力煤的需求。当然，这是一个相对长期的趋势，并非一朝一夕能够实现的。

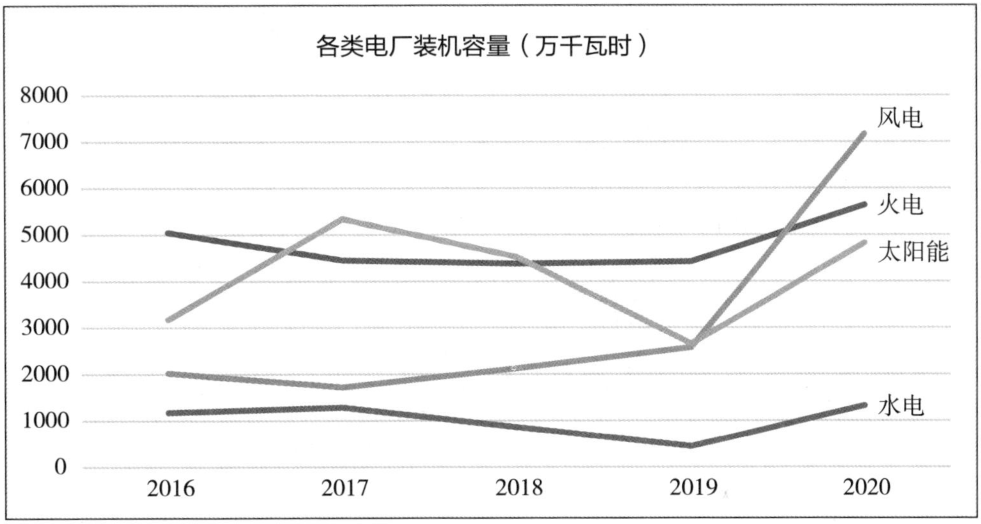

图 8-24　各类电厂装机容量数据

九、动力煤与原油价格走势相关性

煤炭与原油同属于化石能源，而且在我国能源消费中都占了较大的比重（其中煤炭占比为 58% 左右，原油为 18%）。两者之间存在一定的互相替代关系，其走势具有很大的相关性。

一般来说，当原油价格大幅上升，市场上很多下游消费方就会倾向于用煤炭来替代原油，从而拉动煤炭需求走高；反之亦然。下面来看一下动力煤价格与原油价格走势对比图，如图 8-25 所示。

如图 8-25 所示。从大的趋势上可以看出，当原油处于上升趋势时，动力煤的价格也同步处于上升趋势；反之，当原油价格下行时，动力煤的价格同步也会下行。不过，两者的价格波动还会受到其他因素的影响。比如，在2021年下半年煤炭短缺时，动力煤价格上扬幅度较大；而在2022年2月下旬俄乌冲突时，原油价格上升的幅度又要远超煤炭。

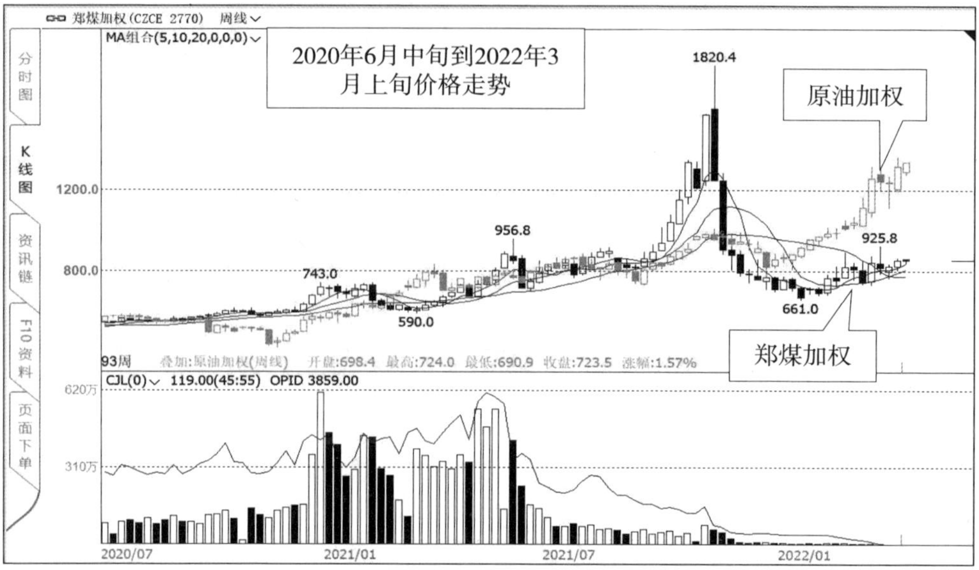

图 8-25　郑煤加权与原油加权的周 K 线走势对比图

第四节　动力煤期货及交易要点

动力煤期货是我国能源期货市场上的重点期货品种，也是与国民经济关系非常密切的品种。动力煤期货的交易需要重点关注以下几方面。

第一，动力煤期货合约以及交割；

第二，动力煤期货套期保值参与者；

第三，动力煤期货套期保值操作；

第四，供给变动与动力煤期货价格变动；

第五，动力煤与焦煤区间套利操作。

一、动力煤期货合约及交割要点

在设计动力煤期货合约时，重点考虑了以下几方面内容，如图 8-26 所示。

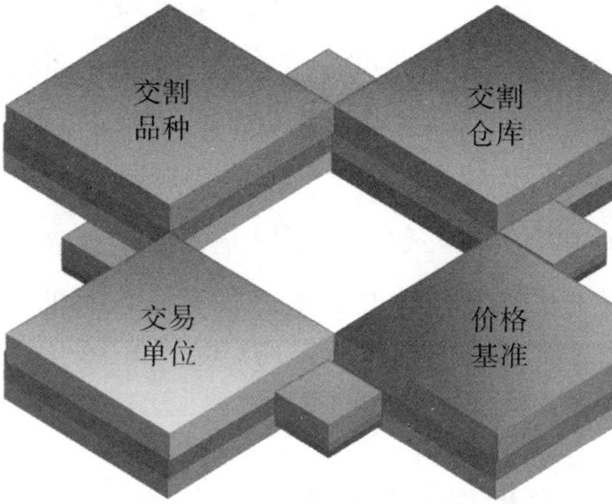

图 8-26　动力煤期货合约设计要点

1. 动力煤交割品种

热力值是动力煤最重要的质量指标。在郑州商品交易所设计动力煤期货合约的初期，也是以 5000 千卡 / 千克为基准的，但后来考虑国家鼓励优质动力煤长途运输的导向，以及煤炭价格整体下行的趋势，市场上对优质动力煤的需求会更大，因此将动力煤合约的交割基准设置为 5500 千卡 / 千克热力值。

2. 动力煤仓库交割

在仓库交割方面，以船板交割与厂库交割并行的方式。由于车船板交割所需的时间更长，因此将交割日确定为交割月份的第五个交易日，这要比其他品种提前了 5 个交易日。厂库一般会设置在大型煤炭企业集团的港口仓库；车船舶交割地点，也位于各个煤炭运输港口，如秦皇岛港、黄骅港、京唐港、防城港、广州港等。

3. 交易单位设置

目前将动力煤期货合约每手设置为 100 吨。在 2015 年以前动力煤期货合约上市初期，动力煤期货合约每手为200吨。后来为了提升交易活跃度，降低交易资金门槛，将每手交易量下调至100吨。

4. 动力煤合约价格基准

动力煤期货合约的基准价格由郑商所确定，基准价是以环渤海动力煤价格指数中秦皇岛港5500千卡/千克动力煤价格为基准。根据发热量及产地等的不同，秦皇岛港选取报价的动力煤品种有大同优混、山西优混、山西大混、普通混煤等。

秦皇岛港是我国重要的对外贸易口岸，是目前世界最大的煤炭输出港和散货港。秦皇岛港目前作为我国"北煤南运"的核心枢纽港，其煤炭价格在一定程度上反映了华东及东南沿海地区电煤市场的供求状况，也成为全国动力煤价格的风向标。

二、动力煤市场套期保值参与者

动力煤期货合约的套期保值参与者主要是一些对动力煤价格波动较为敏感的企业，这些企业大致包括这样几类，如图8-27所示。

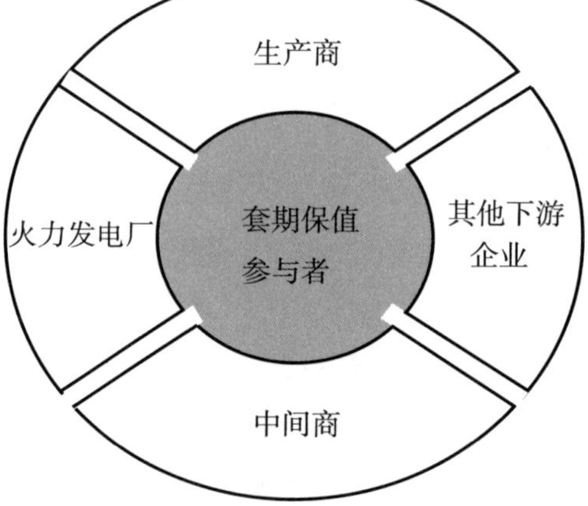

图8-27　动力煤市场套期保值参与者

1. 生产商

对于动力煤生产企业来说，下游需求是自身难以控制的一个因素，而这个因素又对动力煤的市场价格产生较大的影响。因此，动力煤生产企业为了锁定市场价格，防止价格波动对企业生产经营活动造成损失，就可以进行套期保值操作。

2. 中间商

事实上，动力煤进口商、贸易商等中间商对套期保值的需求更大。这些中间商持有一定库存后，就会特别担心动力煤价格走低，而通过套期保值锁定价格对其是较为理想的选择。

3. 火力发电厂

火力发电厂作为动力煤的直接下游需求商，对动力煤市场价格波动的感觉更为明显。当动力煤价格走高时，势必会蚕食发电企业的利润，因此锁定原料动力煤的价格，也就成了火力发电厂从事套期保值业务的初衷。

4. 其他动力煤消费企业

这些企业与火力发电厂的初衷相似，也是动力煤消费大户，如建材行业中的水泥生产企业、煤化工企业、金属冶炼企业等。

三、动力煤期货套期保值操作

动力煤的套期保值也需要遵守期货套期保值的基本规则，即数量相同、月份相近、方向相反原则。动力煤期货套期保值分为多头套期保值和空头套期保值两类。

1. 多头套期保值

动力煤多头进行套期保值，都是出于防止动力煤价格大幅上升，侵蚀自身利润的目的而进行的。进行多头套期保值的参与方多为动力煤下游的火力发电企业、煤化工企业、金属冶炼企业等。这些企业对动力煤的需求量都非常庞大，动力煤价格一旦出现波动，企业效益受到的影响也比较大。通过套期保值，无疑可以将动力煤价格波动的风险降到最低。

比如，2022 年 1 月，某发电厂企业想要在 5 月份购入 60 万吨动力煤，此时市场上动力煤价格为每吨 800 元。那么，该企业为了防止 5 月份动力煤价格大幅上扬，就可以在1月份做多买入60万吨5月份的动力煤期货合约（价格为每吨850元）。

到了5月份，如果动力煤现货价格上涨至1200元每吨，而5月份动力煤期货合约的价格也上涨至1220元左右。该发电企业可以将手中的期货合约平仓，现货市场每吨多花的400元，在期货市场补回了370元（不含手续费、佣金），这也是不错的交易。

2. 空头套期保值

空头进行套期保值的参与者相对较多，主要包括动力煤厂矿企业和中间商等。

比如，2022年1月，某动力煤贸易企业计划在5月卖出30万吨动力煤，此时动力煤价格为每吨800元。那么，该企业为了防止5月份动力煤价格大幅下跌，就可以在1月份做空卖出30万吨5月份的动力煤期货合约（价格为每吨820元）。

到了5月份，如果动力煤现货价格下跌至600元每吨，而5月份动力煤期货合约的价格也下跌至610元左右。该动力煤贸易企业可以将手中的期货合约平仓，现货市场每吨赔的200元，在期货市场补回了210元（不含手续费、佣金），这也是不错的交易。

四、供给突减推动动力煤价格上扬

目前，国内动力煤的供给与需求基本处于稳定状态。当然，这种平稳也是建立在2.24亿吨（2020年数据）进口动力煤的基础之上的。若供给端出现突然缩量的情况，势必会给动力煤的供给带来压力，进而影响动力煤市场价格。

比如，2021年12月31日，印尼政府宣布，自2022年1月1日至31日停止煤炭出口一个月。通过前面的介绍，大家应该知道，印尼是我国第一大煤炭进口来源国，比重超过60%。印尼停止出口煤炭一个月，可想而知会给我国的动力煤供给带来多大的压力。2022年1月4日，期货市场开市后，动力煤期货合约价格直接跳空上扬，如图8-28所示。

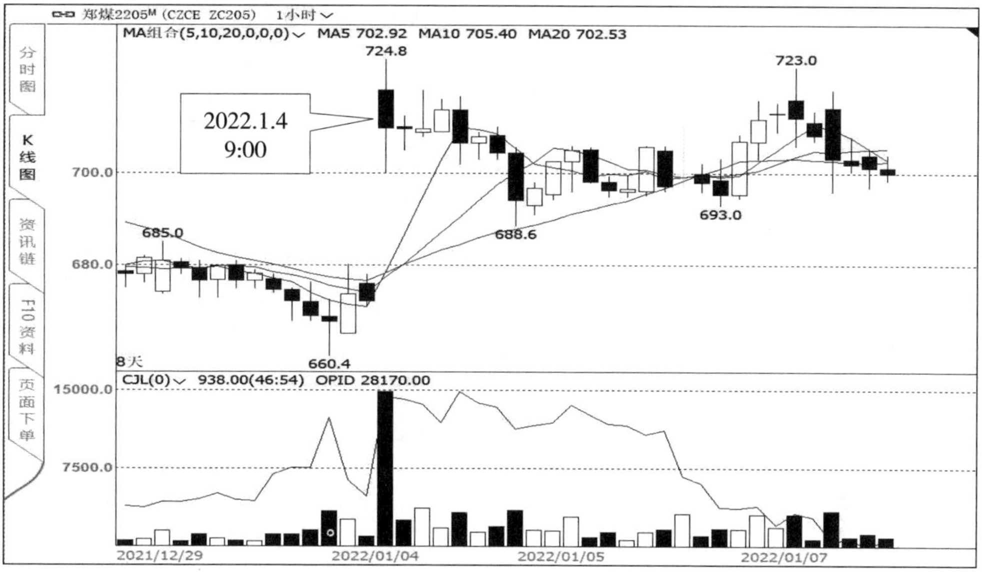

图 8-28　郑煤 2205 合约 60 分钟 K 线走势图

如图 8-28 所示，由于 2022 年 1 月 1 日至 3 日为元旦休市，印尼停止出口煤炭的消息在 1 月 4 日动力煤期货价格上得以体现，该合约价格直接高开 6 个点以上。不过，随后动力煤期货合约的价格出现了振荡回调走势。这说明尽管动力煤供给短线承压，但还是会有其他国家的煤炭来填补印尼的空缺。同时，由于国内动力煤供给也存在上调的空间，这都会让动力煤的供需重新归于平衡。也就是说，印尼短暂停止供应动力煤，只是短线会对动力煤价格产生一定的影响，但却无法在根本上改变动力煤的供需关系。

五、动力煤与焦煤区间套利操作

动力煤与焦煤尽管用途不同，但毕竟同属煤炭资源，而且在有些情况下可以实现通用，因而两者的价格走势一直具有很强的联动性。

同时，由于两者的现货价格、期货价格相差不多，而且具有很高的相关性，且具备同涨同跌的特性，比较适合投资者进行区间套利操作。

套利操作的本质就是基于价差的投机。从理论上来说，两个商品价格之间应该保持相对稳定的价差。当两者之间的价差出现放大或缩小时，套利资金就会进入进行套利操作，从而推动价差回到合理的区间之内。

下面来看一下动力煤加权和焦煤加权的价格走势情况。如图 8–29 所示。

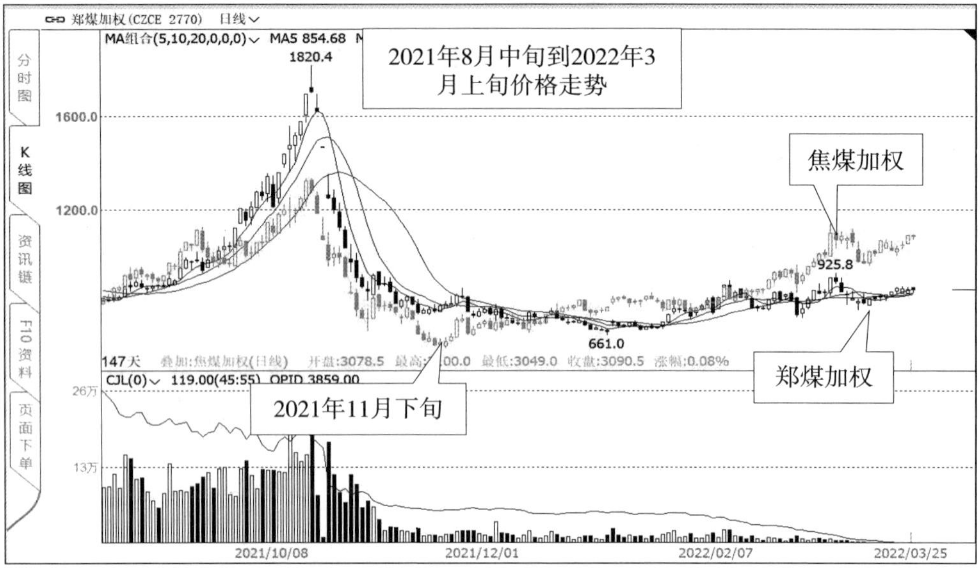

图 8–29　郑煤加权与焦煤加权的日 K 线走势图

从图 8–29 中可以看出自 2021 年 8 中旬开始，郑煤（动力煤）期货合约的价格与焦煤期货合约同样经历了一波先下跌再上涨的过程。两者的价差也同样经历了由小到大、再由大到小的往复变化过程。这种价差的变化，其实非常有利于投资者进行跨品种套利操作。特别是 2021 年 11 月下旬，两者之间的价差开始放大，这就是一个绝佳的套利空间。投资者可执行“买入焦煤、卖出郑煤”期货操作，当价差回归正常时，执行平仓即可。